编著 雪亭 悟启

阳明心学会讲

北京联合出版公司
BeiJing United Publishing Co.,Ltd.

洗心之缘（代序）

首先我要告诉读者，这本书是在七次讲座文稿的基础上整理而成的，前两次是三人会讲，其他五次由雪亭主讲。它具有群众性、社会性、趣味性与知识的普及性。也就是说，每一次的讲座都能够理论联系人生与社会实际。但是，不足之处就是不符合学术规范，学术性不够强。有些地方有重复，显得累赘。我曾经想将它删去，但是又发现，在这一次讲座当中，它是完整的有机的组成部分。如果删掉，气韵就不够贯通，令读者费解。值得欣慰的是，每一次讲座，比如"格物致知""知行合一"这些概念，都能从另外一个侧面，对它的内涵和外延进行深入的挖掘。这样一来，就找到了保留的理由。既然是面向大众的文化讲座，而不是专业的学术文章，只要能够把阳明心学给大家讲清楚，一些重复也是可以允许的。

为了深入挖掘禅学对宋明理学、阳明心学的深刻影响，我专门请学生悟启在原对话文稿的基础上补充相关的理论及事实依据，使其更具有理论性和说服力。这些引文都非常好，可以引起我们对佛学或者禅学足够的重视。比如王阳明说"无善无恶心之体",到底指的是什么?王阳明说:"此心光明,亦复何言?"何出此言?他是否受到了佛教看破生死的影响?他和佛教的经书、寺庙以及僧人有什么交集?他的学生又是如何在这一方面评价他的?在解答这些问题的同时,我想这本书具有了一定的学术价值。

禅学对王阳明心学的影响是我要着重发挥的。我不仅在这一次校稿当中注意到了这一点,而且在每一次备课当中就进行了深入的挖掘,讲课的时候,也尽可能地站在佛学的立场,对阳明心学进行阐释。这并不是说我有"法执",而是阳明心学思想的内核部分确实是禅学。如果我们对佛学或者禅学没有足够的认识和了解,那么阳明心学只会被演绎成"心灵鸡汤"。

整个宋明理学的发展过程,就是受佛道教影响的过程,也是儒学破迷显悟的过程。我把这一过程比喻成卤水点豆腐。儒学在架构人生、和睦家庭、和谐社会方面,做出了不可磨灭的贡献,但它也曾沦为统治阶级奴役人民的思想工具,成为人民精神生活的枷锁。而阳明心学被称为新儒学,它新在什么地方?我想,主要是他以开放的心态,引进了道学与佛学,并对人生和宇宙的本体论、认识论、工夫论、境界论有所认识,有所发挥,从而激活了千年儒学,把困境中的儒学解救出来,并以全新的样式出现在主流社会思潮中。这就是阳明心学被称为新儒学的理由吧!

从佛教的角度来说，讲阳明心学，少了宗教的标签与包装，多了人生的思考与对真理的弘扬，并且能够与这个时代同呼吸，共命运！我与朱汉民、郑佳明教授在"阳明心学三人谈"中对阳明心学兴起的背景进行的阐释与梳理，是非常全面的，也是有价值的。这对于日趋浅表化、窄化以及宗教化的佛学研究也是一种指引！

正像我在讲座中所说，佛学、道学、儒学当然很好，可是学习起来浩如烟海，需要下很大的工夫，才能够转化成自己生命的动能。而阳明心学，听了就能懂，学了就能会，会了就能用。作为一把打开优秀传统文化的金钥匙，它不但理论性强，而且实践性也强，具有可强的操作性；最关键的是它对这个时代有指示作用，正像许嘉璐先生所说"阳明心学的作用，就在于它是治疗当今社会'癌症'的一剂良药"。

随着社会的巨大转型，生活节奏加快，精神压力加大，精神亚健康的人群日渐增多。在这种情况下，研究心学，弘扬心学，有利于找到生命的主体性，给生命以强心剂，让我们以全新的面貌，在现代丛林当中找到自己的位置，并且阳光而健康地生活下去。

既然是阳明心学，它的核心词当然是心。那么，什么是心？只有在佛学那里，在禅宗那里，在佛经里，心被阐述得最为深刻，最为详尽。因此宗教情绪浓郁的人，听到我讲阳明心学，一片哗然，不屑一顾，甚至会有情绪上的反感。我认为这正折射了他们知识和文化的短板。大道相通，条条大路通罗马，我们不应该给自己贴上标签，而应该自觉地将自己的信仰，融入到中华优秀传统文化的大系统当中。只有这样，才有源头活水；也只有这样，前途才会更加宽广而光明。如果我们用宗教的标签把自己包裹起来，而忽略了对知识文化的深入探索与融会贯通，就会失去对人民大众的影响力，自嗨自唱地走上独木桥，被人们束之于高阁。

这本书的出版经历了一个漫长的过程。从备课、讲课到整理、校对，再到收集成册、出版发行整个过程中，需要感谢的人非常多。

首先感谢支持、邀请我在各种场合讲阳明心学的朋友们，是他们给了我收集、整理、备课、讲学的机会，使我对阳明心学能够进行深入的学习与思考，并且对王阳明的思想有了全面深入的了解。同时，我发现阳明心学和禅学有着内在深刻的联系，进一步理解了佛学的博大精深以及对宋明理学所产生的悠远而深刻的影响。

其次，我要感谢朱汉民教授和郑佳明先生。他们在洗心讲坛和我就阳明心学进行对话，给我了一个深入聆听学习的机会。这本《阳明心学会讲》中，收录了我与这两位学者的对话。在整理出版过程中，我清楚地认识到，两位先生对儒学、宋明理学、阳明心学、佛学，对人生家庭与社会等方面的思想理论阐释，是深刻而又广泛的。在校稿的过程当中，我重温了两位的讲话，清楚地感受到他们逻辑的严密以及对思想文化认识的全面周到，再一次提高了我对优秀传统文化的认识水平。在此，我再一次表示最真诚的感谢。

最后，还要感谢邓永辉先生、张德才先生、杨开井先生，他们以对优秀传统文化的热爱与真诚，对佛教的信仰为动力，都为本书的出版付出了极大的心血和精力。我也相信，付出的心血和收获是成正比例的。这本书一定会受到读者的欢迎，因为它从一个全新的角度，对阳明心学的内涵和外延进行了拓展与发挥，而且通俗易懂。虽然这样，由于受到自己学术水平与讲座场景的限制，有些地方难免有所出入，也在此虚心地向诸位方家请教。

2021 年 7 月 1 日雪亭、悟启于井坛

目　录

第一讲　阳明心学三人谈 1

一、阳明心学兴起的原因 1

二、"格物致知"详解 8

三、"四句教"的真精神 18

四、"致良知"是心学的核心 24

五、后天教育对良知的作用 31

六、现代人的"知行合一" 37

七、王阳明与"真三不朽" 44

八、此心光明与看破生死 47

第二讲　阳明心学与企业家的践行 50

一、"格物致知" 50

二、立志、勤学、改过、责善 55

三、寻找良知 59

四、龙场悟道，悟的什么 62

五、事上磨，还需要有智慧 69

六、"知行合一"的生命实践 72

七、三立可以成为人生目标 76

八、答疑解惑 80

第三讲　阳明心学精华直取 85

一、心学何以如此热 86

二、从"此心光明"看王阳明的生死观 88

三、心学的理论节点 90

四、"四句教"的本质是禅心 102

五、心外无物与万法唯心 112

第四讲　阳明心学是匡救时弊的心理良药 116

一、应时而兴的阳明心学 116

二、立志成贤圣 120

三、"格物致知"是自我认识的金钥匙 121

四、真三不朽 125

五、对知行关系的历史探索 127

六、"知行合一"的内涵和价值 128

七、"致良知"与"四句教" 130

八、答疑解惑 134

第五讲　阳明心学是学习传统文化的最佳抓手..........................140

一、三立是人学 140

二、格物致知与明心见性 142

三、"岩中花树"与"心物一元" 143

四、"致良知"与"本自具足" 144

五、"四句教"与心体 145

六、"知行合一"与"心行一致" 147

七、死亡是换件衣服 148

第六讲　阳明心学萃取儒释道精华..151

一、宋明理学兴起的原因 152

二、"此心光明，亦复何言"与看破生死 155

三、"格物致知"与参悟自性 156

四、"知行合一"与解行相应 159

五、"致良知"与佛心的净化 163

六、成功必须事上磨 167

七、答疑解惑 169

第七讲　禅解阳明心学 186

一、生死观 190

二、格物是参悟的过程 196

三、心学的实践论 207

四、致良知的道德起点 212

五、圣贤皆从困苦而出 215

六、答疑解惑 222

后　记 233

第一讲　阳明心学三人谈

会讲人：朱汉民、郑佳明、雪亭

　　在这次对话中，朱汉民、郑佳明教授把"格物致知""知行合一""致良知"的内涵与外延梳理、讲解得非常清晰；这对于我们学习阳明心学是非常好的指引，厘清了不少模糊的认识、模棱两可的说法。雪亭强调阳明心学的道德起点很高，有加以学习的必要性，同时又指出了其"弊端"。三人互参互学，丝丝入扣，深入人心，是非常成功的一次会讲。

一、阳明心学兴起的原因

　　雪　亭：我们首先请郑教授和朱教授给我们讲一下阳明心学在今天为什么这么火，为什么会在这个时代引起人们的学习和思考。

　　郑佳明：阳明心学热得比较突然，就是这两年突然热起来的。实际上，这是一个需要探讨的问题。在回答这一问题前，我想回顾一下阳明心学在明朝的中后期产生的时代背景。阳明心学产生的第一个背景，就是明朝的专制制度已经发展到登峰造极的地步，与这种专制制度相对应的，它有一个非常重要的意识形态，就是理学。理学从周敦颐提出开始，经过二程到朱熹，然后到了明朝的时候，它已经成了国家的意识形态，成为知识分子读书做官的必修课，也成了社会的共识。

理学自明朝建立发展了一百多年，逐渐出现了一些问题。明朝的专制制度发展得非常充分，非常极端，礼教等级这样一些东西也更为森严，但到了明朝的中后期，腐败也非常严重。有一本书，大家可以读一下，即我们湖南人黄仁宇写的《万历十五年》，万历当然比阳明晚一些，但是前后时间差不多；书中分析了明王朝的困境。《金瓶梅》描写的也是这个时代的事情，那个时候人心已经很散，很乱。

第三个很重要的背景就是商品经济在这个时候得到了很大的发展，已经有了资本主义萌芽。其实《金瓶梅》里的西门庆就是一个个体户，但几年之内，发财发得一塌糊涂。人心不古、世风日下，这个时候就有一批知识分子开始思考世道人心，出路何在。实际上，这也是阳明心学产生的一个背景。此外，还有一个背景就是阶级矛盾激化，农民起义风起云涌，明王朝遇到了很多的挑战。

最后一个背景，明朝的外部压力也很大。北方的元朝并没有完全退出版图，北方的军事压力巨大；在明朝中后期，西方的天主教的文化也逐渐地侵入。所以这个时候阳明心学的产生实际上是为了救世道、收人心，它一产生就有很大的市场，在青年知识分子中引起了很多共鸣，传播得很快。

今日中国的运行机制，是社会主义市场经济。社会主义市场经济有两个属性：一个属性就是共同富裕，这是社会主义市场经济的根本属性；第二个就是市场的规律，市场的规律里面包含价值规律，这种价值规律实际上激发了人们的竞争之心，追求富裕和幸福之心。市场并不是万能的，它不能够自发地调节，所以我们现在也出现了世风、人心的问题。这是一个很大的背景，我们现在也要对世风和人心进行调整。当然阳明心学的内容很丰富，还有其深奥的哲学原理，比如其对"知行合一"的要求等等。

"知行关系"是中国思想界自古以来一直要解决的问题。在春秋时，孔夫子曾讲：人有生而知之，学而知之，困而知之。知了以后是不是要行？到底是先知后行，还是先行后知？这个知行关系实际上是主客观的关系，这个关系在中国古代是被长期思考的。阳明心学提出的"知行合一"的思想与前人不同，关于这一点，等一下汉民兄、雪亭都会去讲。总之，"知行合一"是一个大题目。

阳明心学中一个很重要的思想，就是人们要有强大的内心。

我们现在面临的挑战很多，压力很大。我们要安身立命，就需要有一个自主的意识、强大的内心。其实阳明心学也解答了这些问题。

朱汉民：我接着郑老师的话题再做一些阐述。郑老师刚才对阳明心学在我们这个时代的火热做了一个历史的和现实的分析，我非常赞同他的看法。我进一步做两点发挥。其一，从个人的安身立命角度，思考王阳明心学的现实意义。中国正面临社会的急剧变革，每个人的命运发生很大的无常变化，每个人的行动有更多的选择自由；但是，能够供我们驾驭命运的精神方向、行动选择的人生智慧却严重不足。现代中国人往往会感受到是非的迷茫、得失的困扰，同时引发对生命意义的追问。

社会底层民众是这样，那些成功人士也是如此。王阳明的心学的清新思想，能够为现代人的个体精神需求提供思想营养。王阳明强调一个人应该具有主体精神的自觉与自主，这对现代人的人生意义的选择，包括是非的迷惘、毁誉的困扰、得失的彷徨，对人生的终极价值选择，都能够提供很多很好的思想营养。

其次，王阳明能够为满足当代社会建立和谐社会的需求提供重要的文化资源。在中国的现代化转型过程中，我们正在面临着种种社会问题、思想危机。我们常常感到当代中国的人与人之间越来越缺乏信任，我们怀疑超市里买来的食品是否安全，我们怀疑来自陌生人的帮助是否藏着恶意，我们甚至还在讨论见到老人摔倒该不该扶起。此外，许多人的损人利己的做法，已经到了完全不能容忍的地步。诚信危机、道德危机成为我们建立和谐社会的大敌。大家都在思考，怎么来制止相关恶劣事件的发生，怎么来建立一个有诚信、有道德的和谐社会。王阳明的"心即理""知行合一""致良知"的思想，对于建立有诚信、有道德的现代和谐社会，提供了重要帮助。

郑佳明：从王阳明先生的生平来说，他达到了儒家所说的"三不朽"，在立德、立功、立言三方面都能有所建树。阳明心学的兴起，是中国思想文化的一个杰出的典范。其实阳明心学还不只是今天热，在民国以来，当中国人面对西方非常强势的科技、经济、政治，提出全盘西化后，当时一批优秀的中国知识分子也在思考，希望能够把中华文化的五千年文明保存下来，并在当下与未来对人类文明本身持续地做出贡献。像熊十力、梁漱溟这一批新儒家，他们马上找到了阳明心学，所以新儒家的第一代、第二代、第三代学者都是以重建心学来复兴儒学。他们希望对"心学"即陆九渊和王阳明他们所创立的这套思想体系，通过哲学化的方式，通过中西融合的方式重新加以阐释。

而阳明心学无论是讲"心"，还是讲"致良知"，讲"知行合一"，都能够代表中国思想、中国哲学、中国文化的精髓。它把这种精髓发展为一个非常简洁的体系，让我们能够在很短的时间内迅速把握，并直接指导我们的人生。这本身就是阳明心学对中国思想史的贡献，也是对人类文明史的一个贡献。

从这两个意义上，我认为，阳明心学使我们能够从社会的角度，在精神上寻找一个安慰。阳明心学凝聚了中国传统文化的精华，它能回应很多问题，让我们知道作为个体如何实现精神与身体，自我与他人、宇宙、天道的和谐关系。

雪　亭：在两位教授阐释的背景下，我就阳明心学的内在诉求和大家做一个分享。阳明心学激活了千年儒学，为什么这样讲？因为大家都知道儒学讲三纲五常，讲教育，讲社会制度，久而久之，它的要求和它的思想规范就成为对人的束缚。但是阳明心学强调人心的妙用，这样一来，那些充满条条框框的、呆板的、道德说教的儒学，就像卤水点豆腐一样就被激活了。这是阳明心学对儒学的内在作用。

还有第二个原因：佛教在唐代非常繁荣，随着佛教的传入，弘法的高僧辈出，著述等身，寺庙林立；这样一来，使中国本土的儒学受到精神上的刺激。当然这种儒学和佛学的激荡碰撞是双向交融的，不要理解成是对立的。如果你把阳明心学摸透的话，会发现它的核心部分是佛教的禅学。一个不懂佛学的人，要想把阳明心学讲清楚是很难的。

就现在来说，西方文化的传入，使得我们的行为模式、生活形态包括人生观和价值观不断地西化，却没有从根子上满足中国知识分子乃至"士大夫阶层"内心的诉求。虽然我有地位，有钱财，有互联网，有发达的物质文明，但是三界之内唯人最灵，周敦颐说人为万物之灵秀，人应当有更高的追求。我们反过来要问：作为万物之灵的人在做什么呢？形神分离，人与自然对抗，人不再爱人了。这一切现实的问题，当然值得我们深刻地思考。我认为，这是阳明心学兴起的一个思想文化的成因。

此外，还有一个文化上的成因。我们的基础文化是什么？我们用什么样的理论来满足自己的心灵诉求？我们大家都知道，儒释道三家是传统文化的基本架构。中国的优秀文化泱泱五千年，思想浩如烟海，如果我今天想安身立命的话，应当去学什么？学佛家、道家、儒家，我可能成为一个文化人，可能成为一个学问家，但我并不能安身立命。但是当我们听懂了阳明心学，学习了阳明心学以后，内心可以变得强大，变得有力量。

我认为，王阳明最值得现代人学习的一点，就是在磨砺中成长。如果读懂了阳明心学，它会给人们一种良知的浸润，同时会给我们强大的内心世界——我们不再是形神分离的人，我们自己追求的东西和内心会变得统一起来。所以我认为，今天的人学阳明心学，就抓到传统文化的枢纽，找到了关节点。这是因为：你不管学儒家、道家、佛教，学了之后你未必能用，而且要花很多的精力；但是如果把阳明心学的"致良知""格物致知"学懂了，那么人的内心世界就会变得非常丰盈。

郑佳明："格物致知"是穷理之学，理学的士大夫要读很多书，格物求理，一件一件事物地去探索，对人的要求很高。而阳明心学认为：每一个人的心中都有良知，这个良知修行到一定程度就有强大的力量；走卒贩夫、强盗小偷都可以改恶从善。它因此不断普及，走入了寻常百姓之中，它是一个平民哲学。

关于阳明心学热的原因，可以再加一条，阳明心学和中国近代思想史的关系。中国近代有亡国灭族之祸，最重要的主题就是救亡图存，这时候阳明心学成了那些革命领袖的非常重要的思想武器。康有为、梁启超都是信阳明心学的。康有为除了公羊学说之外，还相信心学。孙中山相信心学，一辈子都在研究知行关系。

二、"格物致知"详解

雪　亭：把阳明心学的思想文化背景做了一个交代之后，我们接下来从"格物致知"开始，来了解阳明心学的几个重要理论节点。先请朱教授把"格物致知"的内涵和外延以及如何去学习给大家做一个介绍。

朱汉民：阳明心学在明代兴起是有背景的。明初的学术思想有一个主导的官方哲学，就是朱熹的理学。朱熹在宋代总结、发展了理学之后，很快得到朝廷和士大夫的普遍推崇，成为宋、元、明的意识形态，当时所有的读书人都要读朱熹的书。你只要接受教育，就要读《四书》；而《四书》并不仅仅是孔子、曾子、子思、孟子的思想，必须是经过朱熹解释过的。换句话说，大家都要通过朱熹来接受儒学的《四书》。

王阳明在年轻时代就开始读朱熹的书。朱熹最重视《四书》里面的《大学》。《大学》有三纲八目：三纲就是明明德、亲民、止于至善，这是一切读书人的学习目标；而如何达到这个目标要有八个步骤，就是格物、致知、诚意、正心、修身、齐家、治国、平天下。八个步骤中，最开始的就是格物、致知。朱熹非常重视"格物致知"。他认为，所有的读书人要成为君子，特别是要想成为圣贤的话，首先应当好好读圣贤的书。如果不好好读圣贤的书，就不可能有文化修养，也不知道该怎么做人，成圣贤。

《大学章句》讲"格物"："物"就是天地万事万物，"格物"就是探讨、探究万物万事的原理。通过探究天地万事万物而获得知识，特别是道德的知识，怎么做人的知识，怎么治理国家的知识，就是"致知"。朱熹认为，"格物致知"是成圣贤的首要步骤。

王阳明也希望通过"格物致知"而获得人格的成长。有一个王阳明格物的典故：他坐在自家后院的竹林里三天三夜，想通过"格竹子"，看是否能够探讨理到底在哪里，知识到底在哪里；结果他没有探讨出理在哪里，自己反而病了。他就开始怀疑朱熹的"格物致知"，并追问：理到底是在心外还是在心内？当然他后来经过一番苦心的探索，终于发现了一个特别重要的思想——心即是理。这就是他的"龙场悟道"。

正德三年，他因得罪宦官刘瑾被贬到贵州的龙场，那是一个少数民族居住的偏远之地。那里有个山洞，现在叫作"阳明洞"，大家可以去参访。他当时在龙场什么也没有，书也不能够带，完全凭个人的意志顽强地生活下来，于是坐在山洞里面参悟、打坐。他当时认为自己的意志很坚定了，对于是非、毁誉、得失已经能够超脱了，最后只有生死这一关还没有看破。

这正如《年谱》所记载，王阳明"自计得失荣辱皆能超脱，惟生死一念尚觉未化，乃为石椁，自誓曰：'吾惟俟命而已！'日夜端居澄默，以求静一。……因念：'圣人处此，更有何道？'忽中夜大悟'格物致知'之旨……从者皆惊。始知圣人之道，吾性自足，向之求理于事物者，误也"。

他就像和尚一样参禅打坐，并在突然悟道之后欢呼雀跃，他终于发现：理并不在竹子，也不在万事万物，那个理就在自己的心里。他才知道：过去求理于物是错的，应该求理于心。龙场悟道之后，他成为历史上心学思想的最杰出代表。

王阳明后来提出了一系列心学思想，比如"知行合一""心即是理""致良知"等等。过去朱熹说：天地万物都是由理主宰的，物物皆有理，桌子有桌子的道理，凳子有凳子的道理，竹子有竹子的道理。但是按照阳明的看法，这些理其实是存在于人的心中，心外无理，心外无物，心外无事。

我们可能会觉得王阳明的说法违背了人的常识。我们会认为：理都是客观的，在我没有认识它之前就客观存在，我们必须通过"格物致知"，才能获得这个理的知识。"格物致知"是中国近代以来与西方科学沟通的一个观念。但是王阳明偏偏反对这个观念，所以我们需要进一步了解阳明为什么提出心外无理，心即理。

根据《传习录》记载，有弟子问王阳明为什么提出"心即理"之说，王阳明回答说：此心在事父则为孝，在事君则为忠。他进一步指出，世人分心与理为二，故有许多病痛，其流至于霸道之伪而不自知。可见，王阳明提出"心即理"的目标并不是一种科学的认识，而是要人成圣贤、成君子，知道该怎么做人。怎么做人的道理来源于哪里？比如要人孝敬父母，孝敬父母的孝不在你父母身上，那个孝在你的心里。仁义礼智信都是如此，人要仁，仁者爱人，仁爱之理来自哪里？其实就是在你的心里！

礼也是如此，我们要讲礼节，这个礼不是外在规定的，而是我发自内心，认为应该这么做的。我坐在这个台上讲课的时候必须端坐，这是发自我的内心，认为这样才是尊重大家。王阳明提出"心即是理"的思想原因，就是要解决朱熹的"心外求理"的问题。朱熹忽略了人的本心是道德之理的根源，阳明心学要求每一个人应该从自己的内心去寻找道德之理。

这一个问题，还可以追溯至儒家的思想源头。儒家创始人孔子曾描述自己一辈子的人格成长的道路。他说：自己十五而志于学，三十而立，四十不惑，五十知天命，六十而耳顺，在七十岁的时候达到了从心所欲不逾矩的境界。孔子一辈子修炼，到了七十，就可以自己心里想做什么就做什么，但是他的所作所为均合乎理。

阳明所言"心即理"的心，其实就是孔子从心所欲而不逾矩的心。他遵循自己内心的法则做事，所做之事又总是合理的。可见，理就在心中，心即是理。

宋元明的时候，士大夫必须读很多的书，但是人格并不一定高尚。由于过分地强调外在知识，有些人书读得很好，写了许多文章，但是并不一定能成为君子，不一定能成为圣贤。问题的根源在哪里？王阳明认为这一问题的根源是心外求理。

与之相似，现代人都知道做人的道理，但是这些道理并不是来自自己的内心，这些道理没有和你的内心结合起来，因而知和行是分离的，去做也是很勉强的。你看到红灯，但是发现周围没有人，就想悄悄开车闯过去算了，因为这个规则不是来自你的内心。

当规则是来自你内心的时候，你会自主地去做；你按照心的要求从心所欲，怎么想就怎么做，都会合乎规矩、道理。这是孔子修炼几十年才达到的精神境界。王阳明希望每一个人均可以做到。"心即理"的起点其实非常高，但是理论却非常简洁，老百姓容易接受，普通人不读很多书就可以直接去做。

雪　亭：朱熹的核心思想是"性即是理"，把朱熹的学问读透了以后，你就会发现其思想的核心是"性即理"；而王阳明是反过来说的，因为思考的着重点不一样，王阳明说"心即理"。我们在谈到"致良知""格物致知""知行合一"的时候，如果细心地去体会，可以发现他们的落脚点是不一样的。朱熹讲"性即理"，王阳明说"心即理"。

什么是"格物致知"？在西方的语境中，格物就是分析判断，致就是到达。我们对"知"要有所分辨，古代的知识的"知"和智慧的"智"是通假的，在这里应该念格物致智。当然现在去百度搜索的话，会有上千条答案，各方面对这四个字都有自己的解释。因为我们的心和外部世界一定是有交涉的，像《大学》里说的，"知止而后有定，定而后能静，静而后能安，安而后能虑，虑而后能得。物有本末，事有终始"。"格物致知"出自《大学》。如果你没有细心地领会《大学》，就去讲"格物致知"，你是讲不清楚的。

另一方面，格物应该是参悟、明白天地万物，而不用分析和判断。这在佛教禅宗一千七百多个公案里面随处可见。参悟乃至触景生情都可能会让我们明白心里的经验，让我们突然明白人生和宇宙万物的关系，这就是格物。有人认为，王阳明在这里做了一个转向，他诉求于内在的精神世界。"格物致知"，如果按照西方的方式理解的话，可以发展为科学，可以发展为哲学，因为格物和科学这两个概念有内在的联系。

今天我们迷恋西方科技文明，却不知道，在我们宋明的时候，中国的科学已经非常发达了。但是在这种情况下，中国人诉诸自己内在的精神世界，没有向外探求。"格物致知"确实是阳明心学的一个基础，如果不了解"格物致知"，后面的问题就很难说了。

当然，站在佛教的角度来看，阳明心学自身也有局限性。禅宗泰斗虚云老和尚认为，阳明与西洋哲学家、科学家一样，仍然是以攀缘心思宇宙万物，而不知宇宙万物亦是攀缘心所造成！他说，能虑所虑，俱是攀缘心，而欲探求真理，等于趺坐椅上，欲自举其椅，势不可能！其二，佛教的戒律是阳明学说所欠缺的。阳明之定非从戒而得，亦非心境俱空。六根涉境，心不随缘，曰定。心境俱空，照览无惑，曰慧。防止三业之邪非，则心水自澄明，即由戒生定；心水澄明，则自照万象，即由定生慧。

郑佳明：阳明心学和程朱理学的根本区别在于宇宙发生论，也就是本体论。按照理学的思想，在这个世界形成之前，理就已经存在了，所以一个人要有知，就要去格物求理，追求理。

阳明心学认为：在这个世界存在之前，人心就已经存在了。这个心不是我们所说的心脏——肉体的心，而是天地之心，是一种主观的思想。

现在我们衡量古代的东西，一般都用历史唯物主义和辩证唯物主义的框架来研究它。我们批评王阳明，一个主要观点就是说他是主观唯心主义，朱熹是客观唯心主义，这个主观和客观实际上也是本体论的不同。

王阳明认为"世界都在我的心里"。山里面有一树繁花，弟子问他：你没有看到它的时候，这个花不也在吗？他说：我不看它的时候，这个花在我心中就不存在；我看它时，"此花颜色一时明白过来"。

今天我看到大家坐在下面，是因为太阳光照着。如果没有太阳光照射，我就看不见你们。如果是晚上，用全息摄影或者是另外一种光来照，就不会是现在这个样子。所以这个观赏主体——人和被观赏的客体是连在一起的。

王阳明提出来的哲学问题就是世界本体到底是什么。王阳明说："无善无恶心之体。"最重要的是人，只有人才有心。他讲的这个心不是肉体的心脏，或是思维的意识心，而是人的本心。因此，心外无理，心外无物，你不要去格，不要去找；你把你的心打开，你去读书，你去思考，就能由此达到良知。这个良知还不是知识的知。刚才雪亭讲过，这个良知是一种智慧，一种道德。阳明的思想体系建立在一种本体论的基础之上，和理学有了一个基本的分野。

朱汉民：我就刚才的话题再做一点发挥。雪亭关于"格物致知"的理解和解释，让我想到王阳明对这句话的解释。在王阳明悟道之后，他必然要对经典重新做一个理解。正如我们今天讲的，每个人理解经典的时候都带有他自己的一个"先见"，这是现代诠释学的一个基本观念。你在解释经典的时候，你总用你的本来就有的思想或先见去理解和解释。

王阳明当年其实也是用他的心学观念重新解释"格物致知"。他用"格物致知"致什么知？不是致外在的知，是致"良知"。大家注意，这个很重要。孟子说："人之所不学而能者，其良能也。所不虑而知者，其良知也。孩提之童无不爱其亲者，及其长也，无不知敬其兄也。"孟子说每个人都有良知，这个"良知"是我们不需要学习就拥有的。不学而能知，不用思考就能获得的知是"良知"。

　　雪　亭：孟子有"四心说"，论及"四端"，他说："恻隐之心，仁之端也；羞恶之心，义之端也；辞让之心，礼之端也；是非之心，智之端也。"第一个是恻隐之心，人皆有之；第二个是是非之心，人皆有之；第三个是辞让之心，人皆有之；还有一个是羞恶之心，人皆有之。这是四心。这里的四心不需要告诉大家才知道，是本来天然，本自具足；如自心是佛，你的心里本来就有佛，不是别人告诉你才有的。

　　王阳明的学生徐爱曾问他说，虽然心外无理，但人必须接受教育才能懂道理，不接受教育怎么懂道理？王阳明就把他的学生领到街上去，找到一个聋哑人，在他的手上写一个"孝"字。这个聋哑人就连连点头。王阳明告诉学生：你看这个人又聋又哑，不能接受教育，他都知道对父母孝顺，显然他不是从外面学来的。类似这样的案例有好几个。除了龙场悟道以外，还有一个天泉证道，也是学生对他的学说产生了怀疑，他最后对他们一一开解。这样的案例也很有意思。

朱汉民：近代引进西方科学之后，我们曾用格致学的概念形容科学，所谓格致学就是我们现在的科学，也就是说在朱熹对《大学》的解释之后，可以把古人对天地万物之理的认识与西方科学观念打通，这是一条道路。另外一条道路是通过阳明的解释，认为"格物致知"的目标是"致良知"，格物是要格除心里的欲望与杂念，使得我们内在的良知呈现出来。

三、"四句教"的真精神

雪　亭：王阳明有"四句教"，是非常重要的。"无善无恶心之体，有善有恶意之动，知善知恶是良知，为善去恶是格物。"如果你想明心见性，想修养自己，一定要记住这四句。尤其是第一句，它回答了人生和宇宙本体论的问题，和佛教是一样的。佛教的《楞严经》里有七处征心，征到最后，你会发现我们就没有心了。佛做了很多比喻，犹如芭蕉，剥到最后就没有东西了。但是我们的真心体是无善无恶的。

禅宗经常把我们的心体比喻成一面镜子。如果把你的心体擦得干干净净，外部世界就自然而然在你的心里呈现出来。如果你的心带着一种邪念，或者被烦恼覆盖，你对外部世界的反应一定是不客观的。

朱汉民：王阳明到了晚年的时候，为了概括他的思想体系，就编了这四句教："无善无恶心之体，有善有恶意之动，知善知恶是良知，为善去恶是格物。"王阳明的两个重要弟子王龙溪与钱德洪为此还展开了一场重大的学术论辩，叫天泉证道。王龙溪与钱德洪对于"四句教"做了完全相反的解读。

儒家孟子提出人性是善的，所以才有良知这一概念；宋明理学也主张性善，所以王阳明讲良知。但是"四句教"主张人的心体是无善无恶的，所以受到钱德洪的质疑。他主张四有说，即"至善无恶者心，有善有恶者意，知善知恶者良知，为善去恶者格物"。他以儒家性善论为依据，认为"无善无恶"是错的，应该是有善无恶心之体。

而王龙溪主张四无说，认为"心无善无恶，意无善无恶，知无善无恶，物无善无恶"。两个弟子争执不下，最后只得请王阳明证道。王阳明的主张既不是四无，也不是四有，却又在某一种方式下同时容纳了四无和四有。

他将人分为两类：一类是资质优秀的上根之人，可以采用四无说，这一种人可以直接从本源上悟入，人心本体原是明莹无滞的，一悟本体即是工夫，不需要另外做工夫；另一类是普通资质的人，王阳明认为普通人还是应该讲四有，因为普通人难免有习气毛病，本体真心受到遮蔽，因此需要教导他们在意念上，去做为善去恶的工夫。

　　显然，"无善无恶心之体"的看法是受了佛学的影响。事实上宋代儒学特别是阳明心学在发展过程吸收了禅学的一些学说。王阳明发现，一个人执意去分别善恶，产生执念，不可能保持心灵的安静，会失去和乐的心态；所以他主张心之体是无善无恶的。

　　由此我们会想到另外一个问题，如"孔颜乐处"。宋代周敦颐有两个学生"二程"，在教学过程中没有给他们讲很多道理，只是让他们去寻孔颜乐处。孔子和颜回为什么会很快乐？尽管他们经济状况很差，住得很差，吃得很差，事业也不发达，不断碰到困难，但是每天还是很快乐。这种快乐来自哪里？

　　雪　亭：我接着对孔颜之乐给大家做一个注释。什么叫孔颜之乐？孔子在政治上并不得志，一直到了六十多岁，他感到没有办法展志，就回到故乡鲁国去著书立说。孔子在周游列国的时候，曾困在陈蔡之间，吃了上顿没下顿，但是他竟然能抚琴唱歌。当然，他的学生就不满了：你道德水平这么高，又是一个圣人，为什么得不到重用，还吃了上顿没下顿？要么是你标杆太高，要么就是你不识时务。

　　这里我们做一个比较。我们现在很多人有房有车，可是并不快乐，他为什么不快乐？是因为他的心没有找到安处。孔子虽然过得那么穷困潦倒，惶惶不可终日，如丧家之犬，他还能快乐，是因为他找到了他的心。

他为什么能找到心？人的心和金钱、权力、美女并不相关。但大家误认为有了美女就得到心了，有了金钱、权力就得到心了，其实我们的心只和道相应。当你的心里有了道的时候，贫穷和富贵、亨通和挫折对你来说是无关紧要的。孔子是一个得道的人。颜回"一箪食，一瓢饮，在陋巷，人不堪其忧，回也不改其乐"，颜回寿命很短，生活非常穷困潦倒，但是他每天怡然自乐。这就是孔颜之乐。

我们现在很多人做学问，学问做得很大，但是不快乐，这是因为我们没有找到真学问。王阳明认为自己在龙场悟道后，得到了孔孟的一滴骨血。这句话要好好地去悟一悟。"继往圣之绝学"，传的并不是圣人的地位，而是心灵的东西。现在儒学热，我们给人家讲三纲五常，讲孔子的思想，当然是可以的，但是没有到位，孔子真的像僧人禅定一样，获得了乐处。他乐什么？如果你仅仅把孔子当成《论语》的作者，当成一位思想家，你未必能够体会到他的快乐。孔颜之乐，是悟道之乐，修行之乐，非常值得我们今天的学人好好思考。

郑佳明：王阳明只活到五十七岁，一生非常曲折。他才华横溢，不仅在学说上取得了很多的成果，而且在军事上也做出了非常重要的成就，几次剿灭、平定了大的叛乱。他的后半生病得很重，肺病，在广西和江西剿匪时，都是被抬到前线去。他曾遭受这么多的苦难，这么多的挫折，没有得到公正的对待，死的时候却是笑着走的，他说此心光明——这就是刚才讲的孔颜之乐。他内心很快乐，有一个非常美好的内心世界，所以他是一个幸福的人。他用自己的学说修炼自己的内心，最后内心光明地走了。

朱汉民：宋儒追求孔颜乐处。儒者治国平天下，要处理各种事务，不仅要处理很多政务，还要去打仗。士大夫在积极入世的过程中，每天的心情都是飘浮不定的，喜怒哀乐不断地出现。人在面临这种喜怒哀乐的时候，如何保持内心的安静平定，达到超然的境界？

孔子和颜回面临那么多的困难，在人生处境上面临那么多的波折，却仍然保持和乐的心境，他们的内心一定有一个非常坚定强大的根基。这个东西是超越于其他具体事物之上的，甚至是超越善恶之上的，所以王阳明后来概括成无善无恶心之体。换句话说，我们在这个世界上即使追求各种有价值的东西，但是不会患得患失，因为我们的心灵本体是和宇宙相通的，是和天道相通的，在天人合一的境界中我们就是超然的。人如果达到这种超然的境界，他就会非常安定，就会非常泰然自若。

岳麓书院有一幅对联，上联称"是非审之于心，毁誉听之于人，得失安之于数"，是非即善恶是我们自己判断的，毁誉是人家说的，得失是命定的。人在面临是非、毁誉、得失的时候，心灵肯定是不安定的，你听到人家说你坏话心情就不好了，说你好话心里就很高兴。如果要避免这些情绪对人的心灵造成侵扰，就要超越这些是非、毁誉、得失。

而无善无恶心之体，就是对联说的"陟岳麓峰头，朗月清风，太极悠然可会"，达到天人合一的境界。这时，我们的心灵世界正像天地、日月的自然运行一样，没有任何执着，并不刻意追求什么。早上太阳自然出来，晚上又自然落下去了，人应该像天地自然一样，不要刻意执着地分别和追求什么善恶、得失、毁誉，这就是天道自然。王阳明专门做了这个比喻。为什么我们的良知是无善无恶？他说你去看日月运行，就是一种无所滞碍的自然过程。

禅学也讲该睡就睡，该吃就吃，实际上其精髓就是无善无恶心之体。可见王阳明确实是吸收了佛教生命智慧。但是我们的日常生活还是有善恶，所以需要知善知恶是良知，要去恶求善。

王阳明把儒家性善论和佛道的超越的心性论结合在一起，所以他的心性论就包含着儒释道三家的思想精华。"四句教"非常典型地反映了阳明先生在坚持儒家道德立场的基础上，吸收了佛道的生命智慧。

四、"致良知"是心学的核心

雪　亭：孟子说："人之所以异于禽兽者几希"，人和动物的区别是非常小的。这个区别是什么？就是人有良知良能，而禽兽没有。他认为：人本来就具有良知良能，但是我们在后来对外物的追逐当中，丢掉了良知良能。他举了一个例子，说一个小孩不小心爬到井边去了，你不管是他的亲人还是陌生人，第一个念头是赶快把他拉回来。任何人任何时候都有良知良能。我们今天的人，真的需要恢复自己的良知良能。因此在宋明理学有一个核心观点——复性论，人的心性应该回归它本来的样子，不应该迷失在科技经济的物质世界。

我为什么要把"致良知"念成"致良智"？因为所有的知识都不能解决我们心体的问题。只有当你的心豁然开朗，达到一种境界的时候，才能得到真正的智。仅是了解一门知识，并不符合圣人的要求，因此我喜欢把这个"致良知"念成"致良智"。

良知是什么？从孟子的提出，到宋明理学的解读，我认为应该落实在心体上。那个光明的，本有的，没有边界的，没有我执、我见的心体，才是良知。有人认为我获得了一门知识就有了良知，比如说我是教育家，我就有良知，其实不是的。我们过去把王阳明的"致良知"批评为主观唯心主义，为什么这样？就是因为我们对一些字词的概念，对它的内涵和外延没有精思博辨。我认为应该回到人之异于动物几希的概念，明白几希的差异，只有这样，我们才能把良知这个概念搞清楚。

朱汉民："致良知"是王阳明的立言宗旨。当然他曾经也说过"知行合一"是他的立言宗旨，但是他在晚年思想成熟之后，最后确定"致良知"是他的立言宗旨。他说："吾良知二字，自龙场以后，便已不出此意。只是点此二字不出，与学者言，费却多少辞说。今幸见出此意，一语之下，洞见全体，真是痛快！"王阳明晚年说他的基本思想在龙场时已经确立。龙场以后的"知行合一""心外无理""心外无物""格其非心"等思想都可以看作这一探索历程的不同阶段。

他立言的根本是"致良知"。他为什么把"致良知"作为他的立言根本？首先"致良知"在儒学里有两个传统：一个是《大学》的传统，通过"格物致知"这样一个致知的途径，然后修身；另外还有一个是《孟子》的传统，孟子讲良知良能，特别强调心。王阳明把这两个传统，即《大学》的致知和孟子的良知合为一个，称作"致良知"。

他找到"致良知"这个概念后非常高兴，说终于找到一个最能表达自己思想的概念。"致良知"把两个不同的概念合起来，凸现了王阳明对成圣贤最根本的思考。因为王阳明认识到，良知是心的本体，它不是外在的，就存在于我们内在的心中，所以他更加坚信心外无物、心外无事，心就是理。

为什么心即是理？因为人心就是良知，这个良知就是本体。但我们怎么知道我们的良知？你必须要去做，这就是致，致就是实践这个良知，"致良知"之教强调在事事中间都可以实现我的良知。曾经有一位地方官员向阳明请教，他说：我每天非常忙，没有时间来"致良知"。王阳明说："致良知"并不需要离开你的日常事务，你每天要处理各种事务，在这个过程中就可以致良知，这又叫作"事上磨炼"。我们日常生活中所作的事务都可以使自己的良知得到呈现。

与此不同，周敦颐的无极太极，朱熹的天道天理是非常复杂的宇宙论，这一套哲学思辨的理论，往往需要很复杂的论证。你要获得这些天理的知识，可能要花一生的时间和精力，那么你如何有时间、精力修炼自己进而成为圣贤？

因此，你只要按照王阳明的"致良知"去做就可以了。原来在我们日常生活和工作中，都可以使良知呈现出来，这样成为圣贤、君子就很容易，这些目标离我们非常贴近。

朱熹编了一本书叫《近思录》，"近思"就是切近日常生活之思考。王阳明认为："致良知"是一个最切近日常生活的成圣成贤的方式，在我们的日常生活中良知就可以得到体现。这样的话，就把知和行统一起来，把本体和工夫统一起来；人们可以通过"致良知"这一个非常简洁的概念，表达出儒家的思想精髓。只要讲"致良知"，就自然知道你的心中本来有先见的知，你的内心世界就包含着天道，这是你的良知，你不要让你的良知走掉了，而要让你的良知在事事物物中间呈现。他得到这句话的时候非常高兴，认为足以表达他的立言宗旨。

雪　亭：我分两步对朱汉民教授的这段话做一个梳理。如果我们去学习王阳明的心学，首先要先学"致良知"，明白良知的来龙去脉。第二个，王阳明的一个核心观点叫"事上磨"，就是说在你的本位上历事炼心，并不像一般宗教徒所理解的那样要去教堂，要去寺庙，要去道观才能修行，而是说你发现良知了以后，把这个良知用在你附近的事事物物上的大修行。后来通俗的儒学就将之总结为大隐隐于朝，中隐隐于市，小隐隐于山林。

总而言之，阳明心学对今天的信徒来说，可以起到警醒作用。很多人把到禅堂打坐看作修行，当然到禅堂去静修并没有错，有的人把念头看得很要紧，有的人把宗教的感情看得很要紧，但是你要知道：如果没有自身的事务，没有家，没有工作，你的心一定会落空。因此，王阳明的贡献就是大乘佛教的修炼方法，你的心在哪里，道场就在哪里。不要认为只有离开了家才能修行，这种理解是非常狭隘的。

但这并不是一蹴而就的——学了阳明心学以后立马就前途

辉煌，事业顺利，这不可能的。从王阳明的生平事迹也可以看出，他在砥砺当中，劳其筋骨、空乏其身的情况下，才能成为圣人。圣人不是坐在那里成为圣人的，圣人是实践出来的。因此，我觉得，这一点对现代人们的抑郁症、精神分裂症等精神疾病都有治疗作用。有很多人信佛就是为了逃避现实。实际上现实是逃避不了的，就是躲在山里面，同样也无法避免。没有人管你，内在的欲望也会燃烧你。因此，最好的办法是向阳明心学靠拢，接受阳明的教育，练就一颗金刚心。

郑佳明："致良知"还有一个很重大的意义。它不仅是修炼内心，修炼本人，还改造社会。"致良知"要求明明德，教化百姓，改造社会，然后达到至善。阳明心学和佛教有一个非常大的区别：佛教讲的是自己内心的修炼，是出世；王阳明是入世的，他不但要改变自己，而且要改变社会，改变世道人心。这样的话，阳明心学不仅具有提升自身道德的意义，还有促进社会和谐的意义。

雪　亭：我和郑佳明教授探讨一下。现在的环境污染是不是由于没有良知造成的？有人为了牟取暴利，置他人的生命于不顾，造成环境破坏、食品污染，你说是不是缺乏良知的一种表现？

郑佳明：就我个人来看，在近代，由于我们对于传统文化的反叛，或者是抛弃，或者是边缘化，中国的道德系统受到了伤害，受到了破坏。在新文化运动和五四运动激烈的反传统之后，我们忙于革命战争，从1921年到1949年，一直在打仗。新中国成立以后，虽然对传统文化有一定的恢复，但是我们对传统文化主要采取了批判态度，到了"文化大革命"的时候，我们又提出批林批孔、批儒，这些都是对传统文化的摧残。批判的多，继承的少，使优秀传统文化失去土壤。改革开放四十多年，我们由于自强的强烈愿望，过于重视经济建设，对文化建设比较忽视。在此之前，有的是因为没有条件，有的是因为思想观念不同，所以，传统文化命运多舛。

对传统文化的破坏，实际上是破坏了中国人的道德系统。我们的道德系统大概分为三部分，一个是传统文化部分，一个是近代革命的部分，一个是中国社会主义文化的部分。那么这一系统的基础在哪里？基础在传统文化中，其精华是周敦颐讲求，二程讲求，朱熹讲求，所有的圣贤都讲求的真理，但是中国人现在最缺乏的就是这个讲究与追求。

在古代中国，有知识有文化的人用理学、心学来约束自己；普通百姓以宗教约束自己，他们知道，头上三尺有神灵，做坏事要遭报应。现在很多人不怕报应，不怕祸及子孙。什么原因？道德、法制没有被很好地建立起来，而优秀传统的系统却被摧毁了。

阳明心学在晚明的时候并没有挽救明王朝,明王朝还是灭亡了。在清朝,阳明心学一直不受待见,甚至有人把明朝的灭亡归罪于阳明心学。之所以这样,是因为阳明心学里面讲的个性化、人的尊严等思想,对理学是一个创新,但是没有相应的法制和现代的思潮来配合,所以阳明心学走了一段曲折的路。

对于雪亭提出的问题,我有一些思考。现代社会出现很多的问题,比如毒奶粉的事情,丧心病狂。做这种事情的人,他们的良知到哪里去了?我们的良知本来是不学而明的,只要是一个人,做这样的事,心里就会不安,就应当有一种无形的内心的良心制止。但是我们会发现,很多人做得很平静,没有一点恐惧,没有一点不安,这并不是说他没有这个"良知",而是没有呈现,只潜伏在人的内心世界。为什么会潜伏在人的内心世界?因为你生活在人类社会中,生活在中华民族这样一个群体中,我们的民族积累了许许多多的东西,成为塑造你良知的最重要的源泉。你生活在这样一个时代,必然就有孟子所说的恻隐之心,如果看到一个小孩将要掉到井里,那么你完全是自然而然地担心,很紧张,一定会去救,不是为了讨好谁,也不是为了索要钱财。

我们现在也注意到,近代以来人们对文化特别是对塑造我们心灵世界的文化的认识是不够的。各界人士都注意到这个问题，所以现在呼吁学习传统文化，是有多种原因的。其中最重要的原因是，传统文化塑造着我们的良知。如果我们还批孔，将之打倒在地上，还踏上一只脚，那么你踏上脚的同时，你实际上是在撕裂自己内在的良知。"文化大革命"中出现那么多残暴的野蛮行为，都是因为这样的原因。

雪　亭：良知良能是先天地而存在的，是人作为万物之灵的根本，因此大家不必悲观失望。我们大家今天坐在这里讲阳明心学，得到各方面的支持，这就证明我们的良知并没有泯灭，也证明我们的良知和良能正在焕发光明。

我认为：在今天社会上讲良知良能，应当着眼于恻隐之心。我们为人处世，在官场上、在商业上工作，有恻隐之心就可以了；保持这种恻隐之心，你就是一个真正的人，有血有肉有灵魂的人。活在天地之间，我觉得这一点是非常重要的。我们对待人和物要有恻隐之心，有了恻隐之心就能保证良知良能不被遮蔽。

五、后天教育对良知的作用

雪　亭：良知良能是本自具有的，就像六祖惠能大师在《坛经》里面讲的，"何期自性，本来清净。何期自性，本无生

31

灭。何期自性，本自具足。何期自性，本无动摇。"这个和"致良知"有异曲同工之妙：你的心本来就是光明的，只是因为后面的妄念和社会的诱惑，你染污了自己的心，仅此而已。如果用道家来说，道本来就在那里，没有增加什么，也没有减少什么。下面我要问两位教授，我们通过后天的教育，能不能够让人发现良心？教育对良知良能能起到什么样的作用？

朱汉民：我们讲良知良能为什么会泯灭的时候，就是在说我们的教育确实存在一些问题。良知与文化有关系，和先天的自然发自内心的恻隐之心有关系。这种恻隐之心是天然的：人是一种社会动物，你看到他人痛苦的时候，你肯定不会快乐，自然会影响你；你身边的人没有痛苦的时候，身边的人都快乐的时候，自己也会快乐。这是人的天然的本性。但是，这种天然的本性是需要培植的，需要教育的。人人都有恻隐之心，为什么有的人做得非常好，有的人做得不好？这就是因为后天的教育，教育能够将你潜在的东西调动起来。

雪　亭：在我们的教育体系里面，有关于良知良能的教育吗？

朱汉民：我们曾经不恰当地把中国传统中基于良知良能的

道德教育否定了，批判良心是虚伪的，甚至认为仁义是吃人的。在不自觉地把我们基于良知良能的道德教育否定了之后，可能出现大量的恶果。人性中确实存在另外一个方面，就是兽性的欲望和仇恨。如果放任这些自然本能泛滥，就会把代表文化、文明的人性部分——良知良能压制下去。

雪　亭：我想到另一个问题。很多人问我：朱熹讲"存天理，灭人欲"，现代人很难理解：你怎么能存天理，灭人欲？人欲能灭得了吗？借这个机会，我们拓展一下，把"存天理，灭人欲"给大家讲一下。

郑佳明：朱子讲"存天理，灭人欲"是针对那种总是想到五星级酒店去吃满汉全席的过度的欲望谈的，因为那些东西并不是生存所必需的，所以是人欲。换句话来说，满足我们活下来，包括我们要健康的需求，只需要很少的一部分食物，并不需要满桌大餐。我们喝一点小酒，可能心情舒畅，并不需要喝得大醉。"灭人欲"是要遏制过度的欲望。此外，还有一个误解。其实当时朱熹说遏制人欲，并不是要老百姓遏制人欲，而是要皇帝遏制欲望，因为皇帝才可以为所欲为。因为他有很高的权力，他的欲望是无穷无尽的，所以朱熹在为皇帝讲学时，强调：因为你是天子，你的一举一动会带来极大的影响，所以要遏制你的欲望，要保存你的天理。在这两点上，我们对朱子有很多误解。

雪　亭： 阳明讲："去得人欲，便识天理。"其实用道家的话来讲，人的食欲和色欲要符合天地之道，衣食住行也要与四季符合，所以道家也讲"去人欲、存天理"。这个"天理"就是道，在中国文化语境当中，不管是儒家、佛家还是道家，"天理"就一定是道。那么，对于今天的人来说，致良知是不是要去人欲、存天理，还有必要吗？

郑佳明： 我们讲"致良知"，实际上要把握一个度。我们中国文化有一个习惯，一件事情本来是对的，但是经过人们不断地添加，就把它推到另外一个极端。所以最开始讲人性，推到了鲁迅的时代，就成了用封建礼教吃人、杀人。古代的小女孩二八年纪结婚，如果丈夫逝世很早，她到了七八十岁还没有改嫁，又没有绯闻，这个时候朝廷就给她一个很高的荣誉——立"贞德牌坊"。但是，如果要求人人如此，那么原本仅仅是去人欲，在现实中却变成了灭人欲。这样的话，就残害了无辜的女子，也残害了整个社会。

程朱理学讲的是"天理"，包括三纲五常，各种等级划分，各种制度礼法，强调的是他律。王阳明的心学非常强调自律，他提出"心即理"的意义，在于对道德主体及主体自律的肯定。在康德哲学中，"道德主体"是指作为实践理性的意志，它是纯理性，排除一切感性的成分，仅从理性上处理各种感官欲望。阳明就是在此意义上，明确肯定这样一个道德主体；全部心学的基础和整个心学所要表达的就是"道德主体"的概念。

他说吾性自足，意思是我的心里什么都有了，我自己感觉自己什么都能做到。他认为人的恻隐之心，己所不欲、勿施于人的忠恕之道，人皆有之。他抓了一个江洋大盗，这个江洋大盗说："我死都不怕，还有什么良知？"王阳明想了一下，说：天气太热，把上衣脱了，咱们再聊天。这个大盗说：我连死都不怕，还怕脱衣服吗？王阳明又说：穿这么厚的裤子太热了，我建议你把裤子也脱了。这个大盗不脱，想了半天，不好意思脱。王阳明说：你还是有羞耻之心的，羞耻之心就是人的良知的起点，知耻而后勇。当然，后来这个江洋大盗怎么样了，我也不知道，书中没有说。这个案子里面讲的事情说明：人要发展，要开发自己，最好的起点就是良知的自我发现。

从胡仁仲（宏）到陆九渊，然后再到王阳明，理论的基础是人的性善论。阳明心学的基础是人性，他认为人性本身是善的，虽然"四句教"的第一句没有讲人性善，但是无善无恶本身就是有善无恶。

我们今天来学习阳明心学，不要把它看成包治百病的十全大补汤。其实，阳明心学也有副作用。到明朝后期和清朝的时候，很多知识分子空谈心性，"平时袖手谈心性，临危一死报君王"，都不务实了。我们湖南的"实学"就是对心学和理学的一种调整，调整成一种实实在在的能做事的学问。心学是有弱点的。心学鼓动起来的、人的这样一种精神，如果不加规范和约束，还有可能乱心乱政。我们今天衡量心学，第一条是把握尺度，第二条是综合治理。我认为，对于理学、道学、经学、西学，都要吸收其中的精华；只有这样，我们才能有一种对中华民族文化的当代再造。

雪　亭：刚才郑佳明教授讲的故事还有另外一个版本。我讲给大家听。王阳明曾被追杀，在钱塘江边上装死并逃过一劫，然后绕道福建，再绕道九峰龙场（龙场叫九峰，是南北的一个通途）。他到那个地方以后没有房子住，住在山里，非常穷困，要佝偻着身体才能进到自己房间里面去。即便是这样的情况下，当地的官吏对外来户、对弘扬不同思想的大学问家持排斥的态度，他们指使一些地痞流氓去骚扰王阳明讲学，有一个土匪就经常去骚扰王阳明。

有一天王阳明上街，遇到了这个土匪。这个土匪就说：王阳明，你平时躲在洞里不出来，我今天逮住你，我要把你的头剁下来。王阳明说：我和你前世无冤，后世无仇，我就是一个穷困的书生，你为什么要这样对待我？你要杀我的话，我只有一个条件：把你的裤子扒下来，光着屁股站在街上。这个土匪当时就是不肯脱裤子。王阳明说：你虽然做了土匪，但是你有羞耻之心；我敢把我的头给你，你不敢把裤子脱了，说明你还有良知良能。故事中，因为这样，他就把这个土匪教化了。这个土匪后来成了他的大护法，山里山外没有人再敢找王阳明的麻烦。我觉得这个版本更能反映出人的良知良能。一个土匪，无恶不作，但他的良知良能依然是存在的，并没有泯灭。我觉得阳明心学里有很多的公案，类似于佛教禅宗的公案，让人看了有所领悟。

六、现代人的"知行合一"

雪　亭： 关于"致良知"，已经尽我们的所能给大家做了一个阐释。下面讨论阳明心学中最高的也是最重要的命题——"知行合一"。请朱教授把"知行合一"的概念、内涵做一下阐释。

朱汉民： 王阳明提出了很多思想，"知行合一"是他非常突出的思想，受到了当代各界人士的广泛关注。王阳明为什么提出"知行合一"？王阳明的所有学说，都是针对当时社会的各种弊端而提出的。他提出"知行合一"，是针对程朱理学"知先行后"的不足而立论的。

他曾经批判朱熹理学的知先行后说："知行合一之说，专为近世学者分知行为两事，必欲先用知之之功而后行，遂致终身不行，故不得已而为此补偏救弊之言。"程朱理学强调，一个人要成圣成贤，必须要通过"格物致知"，进而正心诚意修身，然后才能齐家、治国、平天下。按照这个步骤的话，首先是"格物致知"，获得知识，即知先——你知道什么是天理，你在做的时候才不会盲目。

王阳明发现知先行后这个说法有很多弊端，他指出："逮其后世，功利之说日浸以盛，不复知有明德亲民之实，士皆巧文博词以饰诈。相规以伪，相轧以利。外冠裳而内禽兽，而犹或自以为从事于圣贤之学。如是而欲挽而复之三代，呜呼，其难哉！吾为此惧，揭知行合一之说，订致知格物之谬，思有以正人心，息邪说，以求明先圣之学。"在以上引文中可以看出，俗儒把知和行分成两段，前一段是知。在他们看来，我现在是在求知，可以先不做，我可以学习仁、义、礼、智、信，如何孝敬父母，朋友有信，我可以先学，后面再做。

当时有很多读书人就是这样，他们把四书五经讲得头头是道，但是就是不按照四书的道理去做。王阳明龙场悟道，意识到天理其实来自我的内心，"心即是理"之后，他就知道不应该把知和行分成两段来说，而是知和行要贯通起来。你知道该怎么做，就一定会去行，你去行的时候一定包含着知，行就是知，知就是行。

雪　亭：关于王阳明"知行合一"的精妙处，请记住一句话，他说："知是行之始，行是知之成。"知就是行为的开始，行是知的落实，表现在个人生活当中，你的知一定会有相应的行为作为结果。

按照佛教的理论，知是因，行是果。比如我们现在学习西方哲学，大家都知道先理论后实践，然后达到理论和实践的高度统一。这种说法作为一种社会教育、思想教育是没有问题的，但是和阳明先生的"知行合一"相比，落实在个人修行的时候，它就比较宽泛了。

古代有很多的学问家，都认为先知后行，你先知道，知道以后再去行。现在很多教育课程的设置，包括佛学院的课程，都要求你先学习，学完了以后再到社会中去实践。

但是，王阳明不这样干，他强调知和行在你的心身上是高度统一的。如果我现在给你拿来一瓶毒药，你喝不喝？你绝对不喝。你为什么不喝呢？因为你知道喝下去会要命。这就是"知行合一"。因为你知道它会要命，所以不会喝。比如说你站在悬崖边上，我现在把你推下去，行不行？你肯定说不行。为什么？你知道人掉下去，会摔死。所以说知行是高度统一的。

"知行合一"的好处在哪里呢？如果你在行动的时候有差池，有犹豫，说明你的知识不真，你的学问不真，是假学问。

现在很多人的理论是假理论、假学问。暂且不说他的学问有没有水分，就是他获得的知识也是有水分的。要去掉这个水分，就要回到《大学》里的正心诚意。如果心不正、意不诚，信仰任何宗教，学习任何理论，最后都是自欺欺人的。因此，我觉得阳明先生把知行关系这个问题解决得很好。

此外，有一种理论认为，应当边学边做；还有一种理论说，我对这个世界的认识先是感观的，然后才涉及理论。理论与实践的问题，在人类的思想史上是非常重要的一个问题；你如果把这个问题解决不好，就很可能无法获得真理。

郑佳明：对于这个知行关系的问题，我本人一直在思考：到底是先知后行，还是先行后知？朱子提出的是"格物致知"，先知后行。王阳明提出的是"知行合一"，知就是行，行就是知。王阳明的成就在哪里？他把主观世界和思维世界统一起来。你爱一个女孩子，心里会很开心。这个是知，同时也是行。当然，道德与法律是两个层面。对于法律而言，想不是行。在国家法治的层面，你想一想是可以的，别人的东西能够放我家就好了，但是你不做，就没有犯法。

雪 亭： 比方说一个人躺在床上想女人，想权力，想金钱，没有人管他。这一块归谁管呢？这一块要归思想、文化和宗教管，因为它要对治人的未发之念，让你平时养成的人格连这样的邪念都不要产生。这个才是归思想文化和信仰管的。

讲到法治的时候，你没有提前告诉老百姓禁令，然后你因为他违反禁令而把他关到监狱里，这是残暴。法律治理的是末端。我杀人了，我放火了，我把山烧了，然后你判了我 20 年，你把我枪毙了，于事有补吗？于事无补。当然，宗教与法治，自律和他律的关系是另外一个课题，需要我们深入的思考，而不能简单地下结论。

郑佳明： 心学对心的要求，起点很高。为什么阳明心学后来在晚明乃至清朝推行起来有困难呢？为什么我们在今天又可以推行呢？这是因为那个时候贫富差距太大，生存条件太差，你叫人没有私心，就活不下去了，做不到。"文化大革命"的时候提出"斗私批修一念间"，那个时候教育小孩子：你捡到一筐粪，这边是自留地，那边是公社的地，你不能倒到自留地里，而应倒到公社的地里面。我们每天都要斗私批修，要早请示、晚汇报，最后把人弄成了假人。人们并没有因为这个事情变得特别纯真；反而为了活下来，每个人都学会了伪装自己。

阳明心学教人自律，有各方面的条件。一方面是道德，第二要有比较平等的社会经济物质的条件。今天坐在这里的，基本上吃饭都没有问题。吃饭有问题的人今天都为了糊口干活去了。第三，要以法制为底线。恩格斯在《反杜林论》里面特别写了一章"道德与法"，道德是行为的起点，法是道德的终点。那中间怎么办？我们的观点是把道德的空间扩大，把法的空间扎牢；这样的话，用法制、道德，再加上我们物质生活的改善，我们社会的平等和正义，那么就有了阳明心学发展的条件。

朱汉民：刚才我们其实已经谈到了，每一种学说被提出来都有它的历史背景。阳明先生提出"知行合一"，是要解决一个道德下滑的问题。"知行合一"是指向当时日益颓丧的士风。士人的思想状态在专制皇权的压迫下，在商品经济发展所促成的市民阶层的发达影响下，愈来愈庸俗化，多数知识分子丧失了理想性的追求，而成为只说而不行的虚伪、利禄之徒。王阳明的"知行合一"说正是为"吃紧救弊而发"，为了扭转浇薄的士风，使圣贤之学大明于天下，故而倡导"知行合一"。

道德是一种实践理性。这种道德理性虽然是一种知，但这种知是和行联系在一起的，叫作实践理性，可见道德理性必须是一种"知行合一"的理性。而王阳明讲的"知行合一"，应该主要从儒家的道德理性意义上说的。所以我们不要把它简单地扩展到其他的领域，因为"知"确实有不依赖于"行"的独立意义。比方说关于大自然的知识就很多，包括天地日月、万物运行的规律，我们需要去探究而获得知识。我们到这个世界上来，应该有一颗探究世界为什么会这样的好奇心，我们的科学技术不太发达是因为我们好奇心太少。我们一定不要把"知行合一"运用到所有的范围。

每一种学说，包括朱熹的学说，王阳明的学说，儒家的学说，佛教、道教的学说，乃至西方各种各样的学说，在某一个方面都有它的长处和真理性。我们今天在这里讨论"知行合一"，是因为我们的道德生活出现了知而不行的分裂，所以我们认为王阳明的"知行合一"是非常重要的。

雪　亭：刚才朱汉民教授讲的可以归纳成三点：第一，"知行合一"是人类的一种希望；第二，与西方的科学和哲学相比，它是内向的；第三，非常重要，对于自然界的认知，对于社会的管理来说，先知后行还是必需的。也就是说，人类对于外部世界的探讨肯定是先知后行的，我们知道了火箭上天的原理，然后才能造火箭，发射出去。

朱汉民：科学永远在技术的前面，首先有了科学，后面才有技术，才是行。

雪　亭：对，理论是先行的。有了这个理论，然后我们再去做实验。总而言之，我们在学习宋明理学、阳明心学，乃至孔孟之道的时候，特别要注意：它受制于人类社会的发展，如果能够把内外很好地结合起来，既有高度的科学能力，又有高度的精神能力，就能创造非常好的社会形态。

七、王阳明与"真三不朽"

雪　亭：王阳明在儒学领域里被推崇备至，称为"真三不朽"。立德、立功、立言，他全部做到了。我们在此对王阳明的生平、成就和"真三不朽"做一个简单的论述。

朱汉民：历史上全部做到三不朽的人物并不多，人们常常会提到两个人，一个是我们湖南人曾国藩，一个是浙江人王阳明。儒家有一个非常深刻的传统，就是认为一个人的最大成功是做到立德、立功、立言的三不朽。也就是说，从三个面来评价一个人的人生价值：一个是"德"，品德好不好；第二，这个人对社会，对国家，对天下做了什么贡献，就是"立功"；第三，他有什么著述留下来，叫"立言"。

在这三个方面，王阳明可以说都是非常圆满的。首先是立德，他立志圣贤之学并且实现了这一目标。他早年爱好比较多，他曾经喜欢习武，然后为了养生而学习黄老之术。虽然他与普通年轻人一样有各种各样的爱好，但是后来，他致力于圣贤之学，他把成就圣贤、提升德行作为自己贯穿终生的人生目标。

雪　亭：关于王阳明的立德，有两个故事非常有意思。他在龙场的时候，给自己一个命题：如果圣人沦落到这个地步，该如何想？王阳明在龙场三年，终于想明白了，那就是得之不喜，失之不忧。他没有得抑郁症，更没有自杀。总而言之，王阳明没有被打垮，证明他有深厚的德行，这是第一个故事。第二个故事，他用一万兵力平定了宁王的十万叛军。他仅用了四十三天就平叛了。他未获封赏，就被宦官误告结交贼人，假冒军功等等。他知道这个事以后，没有进京自辩，而是上了九华山，拜访一个叫蔡蓬头的道人。他当时去问蔡蓬头，让蔡蓬头给他心法。蔡蓬头没有理他，说：你按照礼数到了我这里，但是你身上的官气未退，因此关于心法的问题，我不和你谈。

他第二次又去了，把身上的官气去掉了，然后蔡蓬头就跟他谈了一些心法。通过平定宁王之乱这一系列的情况来看，他并没有因为挫败而得到什么或者说失去什么。这就证明他超越了人我是非，有着非常深厚的德行。如果没有德行的人，一定气得蹦起来。

朱汉民：从立德来看，龙场悟道表明王阳明的人格精神得到提升，因为他已经能够超脱得失、毁誉，看破生死，这个一定要德行非常高的人才能做到。同时要注意，立德并不是空的；这种德会体现在两个方面，一是体现在功，一是体现在言。

立功，是指王阳明在国家危难的时候，能够挺身而出、带兵打仗，参与平叛活动并取得胜利，他还长期地从事社会治理并且卓有成效。这些立功的表现，是以立德为前提的。

另外就是立言。我曾经对曾国藩和王阳明做过一些比较，认为曾国藩在立德和立功方面更突出，在立言方面也有很多著作。但是，王阳明的立言更具有学术史、思想史的创新意义，故而在中国学术思想史上具有很高的地位，对中国、对东亚地区都产生很大的影响。

王阳明的"知行合一""致良知"等是中国思想史上的不朽之言，这就是他的立言。这个立言与立德也有密切关系，这一个立言就是为了立德。后人评价他做到了立德、立功、立言的"真三不朽"。德行是根本，立德是最重要的，但是立德的重要性是要体现在立言和立功方面，所以阳明先生最后成就了他的三不朽。这个三立是人生的三维架构，彼此间是相互支持的，不能分而论之。

今天我们在这里还讨论阳明心学，中国近代史中那么多人喜欢读他的书，学习他的思想。包括东亚的日本、韩国的学人、政治家，都喜欢读王阳明的书，是因为他讲的能够激发大家去重新发掘自己的主体性精神，重新创造人的精神价值，重新立言、立功、立德，所以他思想的影响从未间断，从明朝开始一直延续到今天。对于这样一位重要的世界级的思想家，大家赞扬他是"三不朽"，我觉得正是恰如其分。

八、此心光明与看破生死

雪　亭： 王阳明只活到五十七岁，他在临死的时候有一句话，被人们推崇备至，就是"此心光明，亦复何言"。几个字的含义是很深的。

嘉靖七年，阳明平定思恩、田州叛乱，返程路过大庾岭的时候已经病重了，因为他从小就有肺病，他的学生就带着疑惑问他：你不是圣人吗，为什么还会有这样的病痛？然后他说了一句"此心光明，亦复何言"。那么这句话怎么解释呢？人生在世，该立功就立功，该立言就立言，该立德就立德，一个人到了五十岁还没有活明白，再活下去也是废物一个，意义不大，所以他对于生死是超然的。

现在有些人练功、吃药，找好医生，想活一百岁。你想想，你活到一百岁，生命有质量吗？一个没有质量的生命要那么长干吗？"此心光明"，如果用佛教的话语来说，就是我已经开悟了，我知道生从何处来，死到何处去，我该做的都做了，所以我即便死了，也是很值的。他对于生命的这种超越和旷达，与他的立德、立功和立言也是密切相关的。

总而言之，王阳明回忆往事，死而无憾。我想，他这种对待生死的态度和情怀，非常值得那些执着于好医好药、贪生怕死的人来学习。如果你贪生怕死的话，你最好把你现在该做的事做清楚了，不要到临死的时候，不闭眼，不蹬腿。

郑佳明：梁启超也是王阳明的一个崇拜者，他最后说了一句话：人生最大的幸福是什么？就是到死的时候，自己该做的事都做了，没有遗憾了。梁启超因为医疗事故，提前离开了人世。当时没有宣传这件事，因为当时人们对西医还不了解，梁启超不愿人们因此事对西医有所误解。梁家三代人都是品德非常高尚的人，遵循了他的遗愿。做人做到最后，能够光明，能够无憾，能够没有焦虑，没有忧心，是非常幸福的一件事。

雪　亭：学习王阳明，就要做一个光明的人、真实的人，死而无憾。我想，如果大家都有这样一份情怀，那么生如泰山、死归大海，对你的生命也是一份尊重，没有任何遗憾。

主持人：经过一天的讨论，我们意犹未尽，期待下一次；也希望大家从中能够打开我们内心的光明，获得我们心的能量，建设我们人生的一种架构，符合儒家和中华文化的传统。让我们用热烈的掌声感谢三位嘉宾！

第二讲　阳明心学与企业家的践行

主讲人：颜爱民、傅胜龙、雪亭

学习阳明心学，首先要明白这个"心"字不是心脏的心，也不是第六意识的思维心，而是明心见性中的"心性"。从佛学的角度来说，心性是觉悟人生和宇宙的本来面目的那个东西；它和道体密切联系，高度统一。这才是阳明心学最核心精要的东西。傅胜龙先生结合企业及个人的发展历程，和我们分享了他学习阳明心学的心得体会，也值得大家好好学习。

一、"格物致知"

雪　亭：我们先从儒家说起吧。今天的中国确实需要儒学的滋养。但是和禅学相比，儒学的架构是一个比较封闭的架构，它只谈人间的事，对于天上和地下的事，它是不谈的，也就是说"六合之外，存而不论"。

颜爱民：《论语》说："子不语怪力乱神"。

　　雪　亭："子不语怪力乱神""未知生，焉知死"，都表达了这层意思。我们在对儒释道三家的文化系统有了全面的了解之后，才能明白王阳明为什么叫作"真三不朽"。简而言之，他打破了儒学的藩篱，从里头脱颖而出，使千年的儒学焕发了新的光彩，成为新儒学，成为宋明理学的集大成者。因此，阳明心学悄然兴起。

　　"格物致知"有两个层面，我们在学理上要牢牢掌握。用王阳明自己的话说，就是事事物物后面都有一个理。比如说统领国家和治家道理是一样的，这叫作家国同构；领兵打仗，能领一个班的兵就可以领一个营的兵。同样的道理，从儒学的学统来讲，一个人能正心诚意，不管是做学问，还是做官、务农，经商都可以成功，如果你的心不正，意不诚，你的学问做得再大，官当得再大，钱挣得再多，但因为这个地基是不牢固的，是松动的，就很可能失败。因此，事事物物表面上千差万别，五花八门，但是它的最高原理是高度统一的，叫作理一分殊。这是一个方面，要理解。

　　第二个，"格物致知"，如果用佛教的话来说，就是明心见性。只是因为这两个概念之间跨越很大，懂佛学的不懂儒学，懂儒学的不懂佛学，所以无法贯穿；如果能够贯穿的话，"格物致知"就是明心见性。二者后面的意境是高度统一的。但如果用西方人的学术方式来表达的话，"格物致知"则是透过现象看到本质，对事物进行分析、判断，从而找到它的规律。

傅胜龙： 朱熹讲的"格物致知"，强调在事上面找到规律，当时确实赢得了很多人的认可。阳明先生在贵州龙场悟道的时候得到了一个结论，其实在事上找不到道德法则，要在心上找。"格物致知"有两种，一种是在事上找，见山是山，见树是树。与之不同，阳明先生虽然承认事物有它的规律，但是认为这些规律都是因心而生的，是根据你的需要而用的。就像一把小菜刀，原来是在厨房里面加工美味菜肴用的；但是，到了歹徒手上，这个菜刀可能是犯罪的工具。他说"圣人之道，吾性自足"，主张返求于心。

雪　亭： 刚才傅先生这个深度的补充和挖掘是非常好的，我在此基础上再往前推进一步。一般认为，我们接受教育，学文化，是个人的事。这种想法是比较肤浅的，把人道和天道截然分开来。其实"学达性天"，就是说这个人的修养道德到了一定高度以后，人道和天道是高度统一的，是一个，绝对不是两个；这个人心里头想的和他说的、做的都真诚无妄，他内心所呈现出来的光明自性和日月是同辉的。

　　一个优秀的学问家或政治家，他想做的事和正在做的事，可以说是天地交付的工作，也一定遵循苍天赋予他的那种秉性。

我们在这里叫作天人合一。一般人讲到天人合一，认为天和人是分开的，然后再捏到一块，最后实现天人合一。错了，从光明自性上讲，人和天原本是高度统一的。

关于"格物致知"第二种含义，这个本来是中西方哲学，甚至是学问的发端，是大专家、大教授探讨的问题。我们会研究人的心灵，也会去研究人的身体。其实我要告诉大家，在道德层面，一言以蔽之，心身同构，家国同构，天人合一。

傅胜龙：顺着雪亭说的，我谈一点我的体会。雪亭讲的致知，其对象是天、地、人合一之后形成的道。这个知到底是什么？个人跟地球，跟自然接近交汇，产生一个数据，构成了一个大数据，在这个大数据中贯穿着、体现着我们的良知，其实也就是天理，就是本性。在这一点上，构成的数据是人跟自然间万世万物进行交汇而成的；如果离开人，这些东西就毫无价值，因为它们是因人而产生的，是人构建的数据。

还有一个很重要的问题，就是人到底是什么。我们每天吃饭，做事，看书，其实也在构建一个人的数据。最近有一个感悟，我可能会跟雪亭走得更近一些，我觉得人生确实有如影如泡如梦幻的感觉。一个人的一生似乎就是在构建一个数据。

雪　亭：我在这里给你补充一句，顺便对"格物致知"做一个简短的、准确的解释。一般认为，格物就是分析判断。致知的致就是通过实践，获得经验和知识。知是我在这里着重要说的。在古代的时候，知识的知和智能的智是通假字，所以说"格物致知"的知，暗含的意思是智。通过对事事物物，乃至于对内心的探求达到明了、明达的地步，达到智者的地步，这才叫"格物致知"；而不是说我通过格竹子或者是看山看水，我获得了物理知识，获得了化学知识，获得了自然知识。这个知应该是智。

讲到这个智，随着人类科技的发展，进入智能化时代。出现了大数据以后，知识极度丰富，基本上我们可以被解构。其最终的结果是什么？最终的结果会让过去我们看不见、摸不着的那个精神世界像灯泡一样呈现在大家的面前。或者用一句极端的话说，在智能化和大数据时代，你无处可藏，当然这个时候你也没有藏的必要。唯有诚信才能在社会上立足，外在的数据和物理条件迫使你按照诚信的道路来做，这是你唯一的出路。天网恢恢，疏而不漏，这可能是高度的知识爆炸和互联网留给我们今天的人和企业家唯一的出路，就是诚信。

颜爱民：关于内求，如果从《传习录》来讲的话，局部就包含了整体的全部信息，只要你的心性系统高度集中，就可以恢复到原初的状态，并以此映照整个世界的状态。古人的智慧是通过自我修行回归本体，再反观社会，反观自然，得到智慧。像我们现在做基因研究一样，把 DNA 研究透了，那么整个生命体的奥秘就对我们显现了。西方的科学是通过解构的方法，是向外求。大数据时代和信息技术的发展，实际上把这两个融通起来。

二、立志、勤学、改过、责善

雪　亭：王阳明说了一句话，这句话对文化人有很深的影响。他说：你求学是为了考取功名，我读书、学习，立志要成为圣人。王阳明后来为什么会成为"真三不朽"，跟他在青少年时期的立志密切相关。

颜爱民：阳明十五岁的时候开始立志做圣人。

雪　亭：今天的教育培养出了很多的空心人，很多的玻璃人和黑心人，主要的原因就是没有引导学生立志，人之为人的道理没有给孩子们讲清楚。人心的管理和扶持，远远比知识和技术要重要得多。道理非常简单，因为人生像一条蚯蚓，曲曲折折，不是一条直线，直线的人生只有在太平间可以找到。

我们要教育孩子向王阳明学习，首先要让他立志。王阳明之所以在艰难困苦中，能够百折不挠地按照自己设定的路线去完成自己，这个与他青少年时期的立志是密切相关的。

傅胜龙：阳明先生龙场悟道之后，讲学的第一堂课，叫作"教条示龙场诸生"，分为四个部分——立志、勤学、改过、责善。他说：这么多同学追随我，我没有其他东西回报给同学们，我只有这八个字送给大家。

第一件事就是立志。王阳明说："志不立，天下无可成之事。"改革开放四十余年以来，人们的志向确实短了很多，就像雪亭讲的有的可能是玻璃心，有的甚至是黑心。很多人把志向定在赚钱。但是如果我们的志向仅仅是赚钱，那当你实现之后就没有其他动力。

我们怎么样把志向放大？这也是阳明先生关注的重点，阳明先生讲的"一"，是可以不断放大的，随着"一"的放大，一个人可以放大到一千个人，一亿人，到全人类。一个房间可以放大成一个国家，一个世界。也可以把一天放大到一辈子，放大到人类的历史长河；随着"一"的放大，你的志向会越来越大。这个时候你人生奋斗的历程才会有不断的动力，人生才会越来越精彩。

实现目标需要勤学，需要改过。王阳明说："故不贵于无过，而贵于能改过。"圣人并非无过而在于能改过。对于这个

"过"字，我要谈一点体会。在我小时候，如果我做错了事，母亲对我说你要悔过。我父亲叫我跪到神灵面前，头上顶一盆水。他说：你这样来悔过，才会真真实实有效果。我后来用孔子的话理解这个"过"，在《论语》里面说"过犹不及"。比如你以为微风很舒服，可是台风、狂风却会吹走你很多东西。你会觉得涓涓小流很清洁，但是洪水就会掠夺你的生命。我们每个人喜欢物质丰足，喜欢美好的生活，这是对的；但是如果我们太贪、太过，就会造成不好的后果。所以我后来慢慢理解，这个"过"讲得太好了，世界上有善有恶，在有善有恶的影响之下可能会有过，我们要改过。

最后讲到责善。王阳明说："责善，朋友之道；然须忠告而善道之，悉其忠爱，致其婉曲，使彼闻之而可从，绎之而可改，有所感而无所怒，乃为善耳。"因此，责善是朋友之道，其方法是"悉其忠爱，致其婉曲"。就是说出于忠诚爱护的心意，通过一个委婉的方式让你接受，这是他所言的责善。但是他讲到自己接受批评，"凡攻我之失者，皆我师也"，我接受大家的批评是无条件的。这是阳明先生在这篇文章讲的八个字，我认为这八个字对我们每个人来讲是有价值的。

我通过"致良知"取得的最大收获，就是对我女儿的教育。她十三岁时看到我还在读书，还在立志，她就改变了。她原来是学渣，要改为学霸。后来真的把学习态度端正了，成绩也变得非常优秀。明天学校搞十年校庆，她让我一定要到她的学校去一趟，她以前不太喜欢我去。我觉得这一点对我们这些家长是很有帮助的。

颜爱民：对于《教条示龙场诸生》四条，我再解析一下。立志，志存高远；勤学，勤奋学习；改过，改正过错。这些都比较好理解。后面这两个字——责善，大家听得比较少。责任的责，善良的善良，就是用很合适的方法去指出人家的不足，使其更为善良。

雪　亭：傅总为什么能够立于不败之地？我现在终于发现，原来你头顶上顶过盆子。现在有很多的企业家，四十岁之前因为找钱找项目焦虑；四十岁之后有了钱，有了项目，又开始抑郁了。那么为什么会出现生命的两个极端呢？为此，需要分析他们生命的四种状况。一种状况叫作盆地意识，小富即安，没有立志。另外一种情况叫作峡谷意识，因为现代西方教育只教给我们知识和技能，没有使我们的心灯点亮，所以出现了峡谷意识。还有一部分人，会搞人际关系，会经营，在经济或者是政治上登上了高地，会出现一种高地意识。最后一种人会出现一种平原意识，前途似锦，一路平坦。这四种人如果成功了，都可能导致生命失去方向感，产生一种空虚感、无意义感、无价值感，最后沦为空心人。

傅胜龙：我践行阳明心学是很自觉的，良知的雷达在发现邪念，然后把它消灭掉，我因此慢慢成长起来了。现在我发现还有更大的使命交给我。前不久我得了一个外号叫"傅三保"，就是保安、保洁、保姆。因为我觉得人生五十之后好像干不了太多的事情，不能到前线打仗了。不能打仗干什么？我来给你泡茶吧，作为保安、保洁、保姆，做一些服务工作。我的同事说你不能这样，你好像没有志向。所以我又重新立志：能不能够五年之内把大汉做成世界500强？这个话，我是随意讲出来了。但是我回去之后扪心自问，觉得应当继续努力。良知里面有很多的东西，它会让你自动地明心见性，自觉地可以看到事物的本质和未来的道路，我有这个感觉。别人说我有慧根，或许就是这个原因。

三、寻找良知

雪　亭：既然傅先生已经讲到了"致良知"，我就把"致良知"的主题再往深挖一下，让大家学有所获。第一个层面，我们要非常清楚，王阳明的全集洋洋洒洒几十万字，一般的读者想把这些书全部读完，需要毅力和清净心，很难做到。但是不管是《传习录》还是阳明先生的全集，其核心只有三个字——"致良知"。

如果你把"致良知"这三个字蕴藏在心中，吃饭也是它，睡觉也是它，读书也是它，把"致良知"悟得明明白白，那么你就是王阳明之后的圣人了。诗有诗眼，经有经眼，一本书都有它的核心思想，而阳明心学的核心部分就是"致良知"。

这个致就是到达的意思。在致的过程当中，阳明先生也没有像佛教禅宗那样的顿悟法门，一悟即势如破竹，实际上这个致是渐修的过程，是一个渐悟的过程。他把这个致字解释为事上磨，在人间磕磕绊绊，经历事事物物，名利当前，都用来磨炼你自己的良知。

大家注意，良知的良不是道德判断。我们说这个人有良心，那个人没有良心，它不是道德判断，这个良是心的一种状态，是生命所呈现出来的一种状态，非常难以用语言表达。它在佛教里面叫佛性，在儒学当中叫良知，在世界哲学上叫本体，在道学里面叫作道体。良的意思就是这个。

如果拿佛学对"致良知"这三个字做注释的话，可以借用六祖《法宝坛经》中的五句话："何期自性，本自清净；何期自性，本不生灭；何期自性，本自具足；何期自性，本无动摇；何期自性，能生万法。"

王阳明讲的这个话，怎么和高僧讲的话如出一辙呢？大家要明白：到了唐代，佛教的佛经翻译、弘法非常地兴盛；相比之下，儒学就被边缘化了，被消解了，被解构了；很多儒者一直想让儒学再次焕发生机，因此到了宋朝，就出现了"北宋五子"——周敦颐、程颢、程颐、张载、邵雍，他们为王阳明心学的崛起奠定了丰厚的基础。在这个基础上，王阳明鱼跃龙门，他汲取了道家、佛家、儒家最精华的思想，成为新儒学的集大成者。

换而言之，我们今天的人如果去学儒学，去学佛学，或者去学道学，就像跳进汪洋大海，进去一个死掉一个，甚至可以这样说，你不学的话还算一个明白人，越学越糊涂，因为它太深广了。但是学习王阳明的精品课程，可以做到短平快。

阳明心学的核心是"致良知"。他讲的"致良知"，关键是四句教"无善无恶心之体，有善有恶意之动，知善知恶是良知，为善去恶是格物"，这四句教当中最难理解的是"无善无恶心之体"。

什么叫作"无善无恶心之体"？"无善无恶心之体"，讲的不是我们这个肉团心，讲的不是我们第六意识的思维心，讲的是天心。一个人的修为达到了与日月同辉，与天地共体的时候，他的心是无善无恶的。我们这些凡夫俗体的心都是有善有恶的，开口即是是非，开口就是价值判断，根本不可能做到无善无恶。"无善无恶心之体"，那个修为的境界是非常高的，要用佛教参禅的工夫好好去参一参，把这个道理悟透。

这"四句教"是有道统的，源自《中庸》，源自孟子的"四心说"。孟子说在接受教育、参与社会之前，人就具有羞恶之心、恻隐之心、辞让之心、是非之心，这些是人心本自具足的。人同此心，心同此理，只要你是人，你就一定具备了良知。

傅胜龙：阳明先生说"良知之明，万古一日"，良知的光明，刹那即永恒，永恒即刹那，本自不二。无论今古，不分贤愚，每个人都在当下拥有良知。他这个概念，我们不能在文字上去琢磨。阳明先生说：如果你在文字上琢磨，就会走到一个小道上去了。

《孟子》里面讲到了天命、性、道，其实是一个东西。阳明先生讲天理、良知，讲的也是一个东西。仁义礼智信，讲的也是良知。天命的仁爱发出来之后，你不能违背，由此衍生出种种道德行为和情感，最后是你长期坚持之后所形成的信，这些都是良知，需要加以感知、体悟。因此阳明先生讲的"致良知"，就像雪亭所说的是一个境界，不是一团肉心，也不是一些具体的文字。这是我想补充的。

四、龙场悟道，悟的什么

雪　亭：一个人要想真正地活过来，必须要死过去，只有经历过生死考验的人才是顶天立地的人。一般的人过着平庸的生活，是半死不活的人。我讲这个话是从天地之道的角度来讲的，不是骂大家的；我的这种陈述，希望大家能够会意，而不要拘执于语言文字上。

王阳明在艰苦的修文龙场，做了两件事。第一件事情是学《易经》，困而学《易》。一个人如果把"太极图"悟透了，天下的学问尽在其中，天下的道法也在其中。但是由于它太简明扼要了，我们一般的人是领悟不透的。这个太极图有一个说明书，就是《易经》，它是中华文化的根本。儒家历来重视《周易》。孔子周游列国，不被重用，回到自己的故乡，"五十以学易"，"居则在席，行则在橐"，以致"韦编三绝"，就是穿竹简的那个牛皮绳子都被他翻断了三次，要重新穿过。

王阳明也是这样的，他到了龙场以后，开始研究《易经》，然后再有空余的时间就参禅打坐。在我看来，王阳明在龙场悟道的三年，很像一个和尚闭关的三年。有一天夜里，他高兴地跳了起来，说："吾独得孔孟一滴骨血。"他说：你们学的四书五经都是文本，没有得心法；我在这里研究《易经》，学习四书五经，参禅打坐以后，"独得孔孟一滴骨血"。

所谓"孔孟一滴骨血"，可分为两个层面。第一，四书五经洋洋万言，主旨就是三个字——"致良知"，将生而具有的良知良能推扩到事事物物，这符合孔孟的说法。这是第一个层面。

第二，"吾道一以贯之，忠恕而已。"一个人如果在做人做事的时候，能够仁义，能够忠恕，这个人当下就已经是圣人了。

但是不管是讲佛教的顿悟也好，还是"致良知"，成贤成圣也好，一般人是不敢担当的。为什么不敢担当？因为我们没有树立生命的主体，我们是懦弱的，是心灵的病人。对此，我们自己不知道，因为从来没有人把你叫醒，所以你认为人活一辈子就是生儿育女，就是生生灭灭，就是是是非非，实际上也就这样活一辈子。

我在这里稍微发挥两句。在我看来，每个人都是宇宙的接收器和发射器。"吾心即宇宙，宇宙即吾心"，这是陆九渊讲的话，可谓惊天地、泣鬼神。一般人说不出这样的话。儒者的志向应当是"为天地立心，为生民立命，为往圣继绝学，为万世开太平"。如果你是一位家长，是一位企业家或者领导人，却连这种心量都没有，你只是用你的权术、聪明才智爬到那个位置上，意义何在呢？你心里踏实吗？心里温暖吗？所以我看到，很多商人和官员的痛苦来自内心不圆满，境界不够高。我们学习王阳明心学，关键是学以致用。

傅胜龙：刚才雪亭讲到生死考验，又讲到了顶天立地。我也谈一点体会。大汉集团在 2014 年到 2016 年也是非常艰难的，因为企业做大了，银行不断地给你贷款，多少呢？ 70 亿，在

2014 年前给了 70 亿的额度。但是，突然之间就出现了三个福建农民，他们经商很厉害，却没有学过金融，看到银行承兑汇票，可以套出大量的资金。于是跟银行行长签一份协议，到银行开一张票，一开就是几千万，开出来之后再把钢材套回来，然后卖给别人，把钱拿回来。

这样，银行成了钢铁贸易的一个载体。他们利用这个载体，拿回来大量的资金。这许许多多的资金被拿回来，根本就没有往钢铁上走。这样，就形成了巨大的信用缺失。2014 年、2015 年正是国家调控房地产政策的时候，这一段时间，钱就回不来了，因为所有的资金都在钢材以外循环去了。一回不来，我们的工、农、中、建四大行这么多的专家，这么多的博士全部失败了，这三个农民搞赢了，国家大概损失一千多个亿。

银行是要进行信用贷款风险控制的。钢铁贸易出现问题，他不会说福建农民有问题，傅胜龙没问题，他不会分辨。他认为都是有问题的，所以把所有钢铁贸易企业的信用额度拦腰砍断。我们原来有 70 亿的额度，2014 年砍掉 15 亿，2015 年砍掉 17 亿，2016 年又砍掉 20 亿，从 70 亿砍到只有 18 亿。

在这样一个情况之下，我们做的是什么？大汉集团一直对国家级、省级贫困县进行帮扶，在座的肯定有绥宁、永顺、溆浦这些县来的朋友，而对于大汉集团来说，扶贫项目一投入就是几十个亿的资金。贷款额度突然之间被压缩，资金回流不过来。同时，我又在望城做了一个天大的项目，每年要投将近 20 亿。这下子我顿时感到很无力了，我真的感觉到会不会要破产了？很多的高管跟我讲，傅总你赶紧存一点钱，去国外吧。

颜爱民：是准备跑了吗？

傅胜龙：对，存一点钱，去国外，跑了算了。我这个人还是真的不错。我说：不但不能跑，而且绝不允许有任何钱跑到外面去。我自己振作起来，每天 8 点前就到办公室，把门打开，晚上 8 点之后再离开办公室，每天在办公室坚持 16 个小时。有些人说：你看看，工地有 5000 多位农民工，他们现在的工资没有拿到，你的生命可能有危险。我说：我生死与农民工同在。我们大概有四五十个队伍，在 2015 年、2016 年春节、中秋的时候，他们经常会派人到我办公室来看，看傅总还在不在。如果在，就回去；如果不在，就把我们的窗户、门砸掉。就是在这样的情况下，大汉也是中国 500 强，今年是 500 强的第七年头。

我们每年交税十多亿。但是在这种情况下，欠农民工的 1 千元、1 万元，也可能引发企业大厦的崩塌。那种心情是很恐怖的。我老婆很优秀，在最艰难的时候，她哪怕有一点收入（因为我们有很多的固定资产，有租金回来，每个月都有），就赶紧打到工地去了。

　　到 2016 年中秋节前后，八九月份的时候，她说：昨天收了 10 万元，是不是打到什么地方？那个时候，我心里很难受，因为我们花的钱太多了，我们每个月支付给人家的钱至少是一千万人民币，要缴纳上亿的税收。所有人也在担心，这样下去，会不会出问题。在那样的情况之下，我讲了一句话，你还是给女儿买十万元保险，因为我女儿只有 12 岁，买个保险，这算是我给她唯一的财产。这是真的，我在最艰难的时候留给我女儿唯一的财产就是买了十万元的保险，其他的钱都投入进去了。

　　都说我这个人命好，到 2016 年年底的时候，我们的房子都卖掉了。我们在望城建了 200 万平方米的房子，每天就有很多人跑到我们那里来要房子，销售一空。整个形势发生了彻底的好转，因此我们到今年就过得很好了。

　　颜爱民：在此期间，我见证了傅总的心境。傅总的确属于硬汉子，有点像曾国藩，打碎门牙和血吞。有一次跟我去岳麓山喝茶、吃晚餐。五点半开始，谈到一点钟，他那个时候很苦闷。但是因为这个人的心智、底气足以应对，心还没有歪，心还是正的，"吉人自有天相"，一定能走出来。所以修养很重要。

　　雪　亭：其实这件事对大家是有借鉴意义的，我对他们刚才讲的人生经历做了两个解读。一个公司或者是一个人，不管遇到了多么大的困境，只要你的信心不倒，你就有出头之日。老百姓说留得青山在，不怕没柴烧。如果从佛教的角度来说，人生最大的敌人不是我对面的敌人，而是我内心的敌人。当你战胜自己的时候，自然就把别人战胜了。

任何一个人，如果你想成功，千万不要画饼充饥，一定要在事上磨。在经历人生紧要的关头时，你能不能守住底线，能不能看住你自己的心，能不能让你心中的这盏灯不要熄灭，这才是关键。

我选择了出家，是为了弘法利生。我在中国佛教协会无我地献身了十五年，没有给自己留任何的退路，但是人生的考验也来了。我离开中国佛教协会的时候，身上只有四千元，而且我还要养老母亲，为她治病。在这种情况之下，我夜以继日地写书，用写书的稿费来养活自己和老母亲。很不容易，总算把母亲的病调养好。你们现在看到的光碟——《炼就一颗金刚心》，就是我当时在一个尼姑庙里，对七八个尼姑讲的。现在来看，那是一张讲《金刚经》非常通透的光碟。

后来我出了一本书——《炼就一颗金刚心》。过去的人讲《金刚经》，从哲学的角度讲，讲到天上地下；但是你回到人生当中，发现用不上。有的人会从宗教的角度来讲《金刚经》，讲了半天，大家不可能去庙里头过宗教生活。而我那本《金刚经》是照着人心讲的，因为在那样一种被逼迫的情况之下，《金刚经》成了我的精神支柱。

一个人出了家，都避免不了有磨难，更何况你们在家人，要生儿育女，要学习，要有事业，人生怎么会一帆风顺呢？既然人生不能一帆风顺，那你就要问自己：在困难的时候我还有没有自信心？我对未来的人生做好准备了没有？因此，我现在的观点是：人生的磨难是必经的熔炉；最大的敌人不是别人，而是自己；在任何条件下做好自己，比指责别人和发牢骚都重要。

颜爱民：在雪亭和傅总这里，大磨大难是人生的良药；当然，如果对于弱者来讲，往往变成了一副毒药。傅总这段经历，我亲身见证了，我觉得傅总最让我钦佩的就是在那个时候，他在这种最关键的时候守住了人的品格。该怎么做人，该怎么做事，自己该尽的社会责任，该尽的对于员工的责任，他都守住了，所以吉人自有天相，能够度过难关。

五、事上磨，还需要有智慧

雪　亭：听完了这些很接地气的人生经验，我们再来回到王阳明。王阳明到了龙场以后，在那么艰苦的条件下，不曾忘记学习和修行——学习《易经》和参禅打坐。

有很多人没有智慧，没有手段，遇到逆境和恶人的时候，往往把事情变得更加糟糕。王阳明在困难面前对生命的转化是非常成功的。

王阳明在《传习录》当中给他的弟子徐爱和钱德洪讲道的时候，一再强调，一定要懂得"事上磨"。根据《传习录》记载，弟子问王阳明："问静坐时亦觉意思好，才遇事便不同，如何？"阳明回答说："是徒知静养而不用克己工夫也。如此，临事便要倾倒。人须在事上磨炼，方立得住，方能静亦定，动亦定。"

名利当前，你能不能管得住自己，能不能经得起诱惑？面对人生的磕磕绊绊，你能不能够在哪里跌倒，就从哪里爬起来？一般的人是做不到的。我们学习优秀的传统文化，学习阳明心学，要牢牢记住"事上磨"。

一个真正的道人，可以做到百花丛中过，片叶不沾身。傅总在最困难的时候，虽然只有十万元，却拿了一万元供养我，所以我很感动，到现在都忘不掉。这是他当时总收入的十分之一。虽然这个人身上沾染了霉气，有晦气，但是你看他的双眼，依旧清朗。后来我让颜爱民转告他：吉人天相，你不会有大问题。为什么？因为你心里的火焰没有熄灭，星星之火可以燎原。

一个搞企业的人，如果你只关注股市的曲线，看到涨停板，就以为我成功了，那不过是假象；你应该看自己的曲线。面对这样的大起大落，你的内心还能够有一条波动不大的底线，那这个人就是有机会的。台风来了，又不是只有一条船受损失，大家都受损失，但是某位船长很淡定地面对暴风雨，冷静应对，他就一定能够见到日出。

傅胜龙：我每次碰到困难的时候，都会想起《西游记》里的唐僧。孙悟空多厉害，一个筋斗就到西天了。但是，为什么要用九九八十一难去折磨唐僧？我想，就是让他的心能够攀登上去。其实取经不是说你跨过千山万水，把经背来就可以了，是让你的心一次一次攀登，要攀到佛的境界。这个太难了。每一次的磨难就是你攀登的阶梯。

我每次遇到困难的时候，心里总有一个信念：既然菩萨让我干更大的事情，我认真干就可以了。你一定能爬上这个台阶，爬上这个台阶，会看到更加美丽的风光。只要你的心灯不泯灭，你的人生就不会泯灭。

雪　亭：我在讲经的时候还有一句话：我出家是因为向往清净自在的生活，并没有想成为高僧；如果说百年之后我成为了高僧，你们大家一定要帮我感谢我的敌人。

傅胜龙：我们在很多时候给王阳明贴上主观唯心主义的标签，又将唯心等同于迷信。这里面确实有一些误解，唯心本来不是迷信。我们企业有一个高管,他跟我讲:傅总学阳明心学,向阳明先生敬礼,我觉得这个是迷信,干嘛要敬礼?我就对他讲:我敬礼的时候,阳明看到了没有?没有看到。那阳明会感谢我吗?也没有感谢。其实我敬礼的时候,不是敬给阳明先生看的,是敬给我的心看的。他想了半天,还是没有想明白。在圣人面前有一个真诚的态度,太重要了。

我们有时候把仪式混同于迷信,这就是错了。阳明先生非常强调实践——知行一体。你今天做什么,是由你的认知决定的,什么样的知就有什么样的行。

如果你有错误的知,你就一定有错误的行;如果你有正确的知,你就有正确的行。那么问题是,我们每天都面临着未知,也面临着明天的未知。我们希望明天的行比今天的行更好,因此必须要找到正确的知,指引你明天能够干得更好的知。你不能空想这个知,不能凭空去思索,你要在实践中去获取,去打磨,用你今天的行来铺垫明天的那个正确的知。这是阳明先生讲的逻辑。

六、"知行合一"的生命实践

雪 亭:王阳明先生在明朝提出"知行合一",有三个理论支点。第一个支点是他在《传习录》里讲的"知是行之始,行是知之成"。第一句话讲，行为的最小的开端是一念心发动处，心中一念也是行。第二句话讲，一个人的念头，一个人的思想，一个人的观念应当付诸行动，最后落实、成型。第二个支点，"知是行的主意"。一个人如何行动，一定是在心里先想了，想了之后然后再去行动。第三个支点，"知行合于道"，你知的是道，行的也是道，因此它们是高度统一的，是一不是二。大家一定要记住，"知行合一"是从宋明理学，从道统，从心性的角度来立意；这个立意的站位很高，一般的人是做不到的。

笛卡儿把人一分为二，就是说我们大家今天讲的一分为二，源自笛卡儿。既然是一分为二，那么主观和客观，心和身，你和我就对立起来了。这个和中国优秀传统文化的整体观是相矛盾的，而我们中国人在学习西方人的时候盲目地跟随。时至今日，我们心身不能够统一，在社会上表现得不和谐，都是与此有关的。这点要引起大家注意。

总而言之，知行关系是一个世界性的课题。只要有人类的地方，从理论到实践的问题，都面临着知行关系。如果我们的理论是正确的，我们在实践当中就可以取得成绩。如果我们的理论是错误的，我们就会付出沉重的代价。回顾中国的历史，大家可以非常清楚地意识到，由于理论和指导思想的错误，给这个民族带来了沉重的灾难。今天在互联网普及的时期，在文化发达的时期，全球一体化的时期，我们在人的问题上，在环保的问题上，在治国的理念上应当更广泛地去弘扬中国优秀的传统文化，同时借鉴西方的经验，形成正确的知行观。

傅胜龙：我也按照雪亭讲的"知行合一"，讲一下现在的企业怎么办。因为我们在座的可能有很多的企业家，大家需要从这个角度理解。人类文明大概经历了三个阶段，一个是农业文明，一个是工业文明，一个是现在的信息文明。有很多的经济学家说现在是工业4.0、工业5.0，我不太赞同这个观点，而且现在很多人越来越觉得我这个观点是对的，因为现在不是一个简单的工业文明，现在是信息文明的第二阶段了。

这三个阶段的本质区别在什么地方？在于它的社会形态、企业形态，随着财富的变化发生了巨大的变化。处于农业文明的时候，大家的财富都来自土地，拥有土地就等于拥有了财富。到了工业文明的时候，发现土地没有很多价值，地里长出来的东西远远不如办个工厂赚钱。资本可以创造价值，你投资一个工厂，这个工厂马上就可以创造财富；这个时候拥有资本，就可以创造财富。但是现在拥有什么，能够创造财富？我们来分析一下传统意义的资本还能不能够持续下去。

其实一个很重要的概念，就是资本。因为我们做企业，唯一的目标就是利润，而利润等于收入减成本，我想在座各位都希望收入越大越好。如果收入越大越好，一定会导致产能过剩。

我们这个国家什么都过剩了，我是做钢铁的，我知道国家需要七八亿吨钢铁，可是我们有十几亿的生产产能。产能过剩意味着什么？意味着所有的资源都透支了，把东西都加工完了，未来的资源现在被搞完了。同时，环境也被破坏了，因为所有的加工都要带来二氧化碳。想来想去，这个是不可持续的。产能不断地扩张，然后带来环境的破坏，资源在减少，这种模式是不可持续的。然后我们再谈一下人力成本。人力成本的本质是什么？它的本质就是工资，你要想把利润扩大，就意味着减少工资，减少为你服务的人的工资；如果你不这么做，你一定会偷工减料，弄虚作假。这个时候就会出现巨大的道德问题。

因此我们会发现，人类社会此前的资本模式正在慢慢地离开我们。虽然过去在物资匮乏的时候，它确实给社会带来了巨大的物质财富，但是我们感觉到这个模式可能不是人类能够持续发展的模式，所以我在想会不会有一个新的模式，就是刚才雪亭讲的信用主导的模式。

人类确实进入了一个信用的时代，因为互联网将人类所有的东西记录下来，让你无处可藏。雪亭著书立说，并获取报酬，是可以的。但要是贪官，你拿一百万、一千万，你没地方可藏，未来是完全透明的，没有办法可藏。

七、三立可以成为人生目标

雪　亭：《宋史》中有对宋明理学的开山鼻祖周敦颐的评价，说周敦颐"精通政务，志在山林"，说他很会管事，很会处理事情，很有能力，但是这个人不在乎功名，他的志向是在山林里头。

周敦颐和王阳明在为人处世的风格上是高度统一的。王阳明病重后，要辞官回家，他到灵岩寺去看风景，寻师访道。他看到一间僧房锁得严密，便动了疑心，要求和尚打开门，让他看个清楚。和尚对他说：房里有一位老僧入定，已经五十年；他临终交代过，不可随便开关。王阳明却坚持要开门一看，和尚强不过他，只好开门。果然看到一个和尚的肉身坐在龛中入定，面色俨然如生，而且活像王阳明自己的相貌。他看后心中如有所悟，觉得这个和尚就是他的前生。抬头向四面一看，墙壁上还留有一首诗："五十年前王守仁，开门即是闭门人。精灵剥后还归复，始信禅门不坏身。"王阳明看到这几句话以后，得出下面的结论：我王阳明过去就是禅宗的一个和尚，参禅打坐，却没有明心见性；这辈子得了个官身，经受了这么多的磨难，其目的就是让我开悟，明心见性。"五十年前王守仁，开门便是闭门人"，言外之意就是说，这个老和尚就是我的前生，我王阳明是过不去57岁这一关的，命中注定阳寿到了。

因此在他死的时候，他的学生问他说：你要走了，你有没有什么后事交代啊？他说："此心光明，亦复何言。"明心见性的人，明了了人生和宇宙本来面目的人，对于是非，对于名利，对于生死没有牵挂，这就叫作此心光明。为什么讲"亦复何言"？阳明要说的话全部都记录在《传习录》里头了，弟子们好好学，好好悟就可以了，他没有什么其他的话要说了。

我们对他的"此心光明，亦复何言"可以解读出，他对自己生命的来龙去脉是非常清楚的，而不是像我们一般的人，迷迷茫茫地来，糊糊涂涂地走。我们不能够成为生命的主人，也不能够成为自己的贵人。我们的心受到是非、善恶和名利的勾引、迷惑，人生有太多羁绊，因此我们的内心笑不出来。

"此心光明，亦复何言"这句话惊天地，泣鬼神。除此而外，他还讲过一句话——五十不为夭。他说：人活到五十岁就不算是夭折。为什么这么讲？一个五十多岁的人该功成名就也功成名就了。你都五十岁了，还夹着包，满街窜，还得找项目，还在找什么女色，你不是找死吗？

但是我们看到，现在满大街找死的人很多。生命经过了五十年，半个世纪，你还不知道把自己的灵魂放在哪里，还夹着包，走大街，窜小巷，不觉得自己可悲吗？如果你碰到我，我一定劝你出家当和尚，先把自己搞明白再说。现在有很多人，真的活得很迷茫。

王阳明是"真三不朽"。当然，立德、立功、立言这三者是高度统一的。不管是立功也好，还是立言也好，都是以德为本。如果一个人没有德，立了功也是假冒功劳，立了言也是戏论，也是谎话连篇。中国传统文化是以立德为本的。那么德和道是什么关系？借这个宝贵的时间，要给大家说清楚。

德是天地间的大道在人身上的体现，因为人是活生生的，人是社会的产物，人是自己的主人，所以当一个人悟道以后，他的身上就会表现出善良、慈悲、无我、利他，这就是德。总而言之，德就是道在人身上的体现。悟道的人才有大德，他不会为一些蝇头小利和别人斤斤计较，立德的整个过程贯穿了生命的始终。

你不要认为被评为劳动模范，就是立德了；不要认为当了大学教授，就是立德了。非也。小到黎民百姓，大到帝王将相，都有立德的问题。古代那些刚直敢谏的文人，骂君王是失道的昏君，他们很勇敢，是拿命在那里做交换。原因是什么？古代的一些昏君，胡乱地发号施令，胡乱地治理国家，朝令夕改，这些士大夫、文人就不愿意了。总而言之，立德贯穿着整个生命的过程。

王阳明的立功表现在哪里？就表现在他用四十三天，一万的游兵散勇平定了宁王的十万叛军；此外，广西思恩、田州这些地方的叛军，也是王阳明抱病指挥军队而平定的。这些对国家来说就是立了大功。

他的立言，完全表现在《传习录》当中。大家学习阳明心学，千万不要道听途说，一定对《传习录》好好下工夫。《传习录》的前半部分是他和他的妹夫徐爱的问答。徐爱学了阳明心学以后内心有诸多的疑惑，王阳明一一解答。该书前半部分大概分为三个层面，第一个层面是对于朱熹注解的四书五经，阳明有不同的解读，徐爱产生了疑问。比如说《大学》的第一章"大学之道，在明明德，在亲民，在止于善"，朱熹把"亲民"改为"新民"。这个"亲"和"新"是通假字，当你用"新民"去理解的时候，意思就是我用孔孟之道来教育人民，让人民觉悟。与之不同，阳明按照古本《大学》中的本字"亲"来解释。徐爱问了王阳明许多关于四书五经的问题。

第二个层面，主要问的是，如何准确地领悟和理解"致良知"和"知行合一"，具体应该如何践行。第三个层面，也是大家今天遇到的问题，即古圣贤的教诲在当时如何适用。我们今天谈佛学，谈禅学，谈优秀的传统文化，大家有没有这样的困惑呢？这些优秀的传统文化是很好，但是到互联网时代，我怎么样去用？传统和现代的结合，这个问题在明朝已经凸显出来了。

又比如说中国的中医。大家都说中医好，中医能治疑难杂症，能够保健养生。但是，中医的现代化问题解决没有？中医是一病一治，那么现在传染病来了，一来一大片。艾滋病、癌症，你能够一方一治，一药一治吗？中医和所有的优秀传统文化都面临着如何现代化的问题。即便在社会实践的层面不能够迅速地现代化，至少我们在理论上要把思路理清楚，这也是非常有必要的。

在这个问题上，湖湘文化为我们提供了两盏非常好的指路明灯，一个是学以致用，还有一个是中学为体，西学为用。前人已经做了有益的探索，我们学习优秀传统文化的时候，在这个地方要多加留心。

我认为一个信仰佛教的人，学习禅宗的人，或者学习阳明心学的人，学习优秀传统文化的人，只要抓住两个落脚点，就永远不会过时。第一关注社会，第二关注人心。你坚定地关注人心，关注社会，你的学问永远不会过时。

颜爱民：雪亭最后讲的，还是要落到三立——立功、立德、立言，而且以德为本，有德才能立出功来，有德才能立出言来。因为王阳明是近五百年里面"三立"做得最好的人。

八、答疑解惑

听　众：各位老师好！刚才雪亭老师讲到"格物致知"，这个"知"是"智"的意思。那"智"和"慧"有什么不一样？如果不一样，怎么从智转到慧？

　　雪　亭：这个问题问到点子上了。很多人学习传统文化的时候，或者是学习佛法的时候，都是囫囵吞枣的，把"智慧"两个字连起来说。当我们说这个人很有智慧的时候，在佛教里面的梵语叫"般若"。那么智慧的本质是什么？它特指悟道了的人，有大智慧的人。如果你很会炒股，乃至于会经营人事，那个叫聪明，不叫智慧。我们在这里先对它做第一个层面的清理。

　　第二个层面，智和慧是两个概念。智是一个"矢"字边，这边是"口"。这个"矢"字边就是箭，这个"口"就是箭靶。一个人不管是聪明还是愚钝，他每天拿着箭对着那个箭靶去射，日复一日，获得了丰富的心理经验，这就叫智。所以你会发现有一些人读书挺笨的，但是他的买卖却做得挺好，官当得挺大，为什么？他获得了当官和经营的经验，他知道在官场上怎么样"念经"，在商场上怎么样"念经"。因此，我们觉得他很有智慧。

　　更深入一步，就讲到慧，这个很重要，跟道学密切相关。"慧"字的写法，上面是两个"丰"，代表两只手，两只手下面拿的是什么，拿的是一个扫把，在甲骨文当中拿的是扫帚。拿扫帚扫什么呢？不是扫人家房上的雪，也不是扫自己门前的雪，而是扫自己心上的雪。这层意思就和佛教密切相关了。可以说，智慧这两个字与修心密切相关。当你用无形的手拿着无形的扫帚，把自己的私心杂念，乃至于欲望扫得干干净净的时候，你就可以明心见性了。所以说修行并不难，觉察而已。

当然，有的人把修行看成信佛，把修行看成进寺庙，把修行看成当和尚。其实修行是修心，而修心的关键就是智慧。智是浅表的，慧是深层的。如果结合王阳明的心学来讲，那就更简单了。王阳明讲了"致良知"，"致良知"的诀窍是什么？所谓"良知"，"人同此心，心同此理"，大家都有。那么为什么还要"致良知"呢？这个致的过程就是格除私欲的过程。当你没有私欲的时候，你为人父母也好，经商也好，做官也好，都获得了天地间的光明，你的地基就会打得很牢，你就会走得更远。

很多人在半路夭折，或者得病死了，或者自杀了，反正他还没有活到头，活了一半就去世了。为什么会自杀，为什么会夭折呢？他们实际上是有自己的心路的，但是人类很残酷，没有人去关怀这些同胞。他们为什么会这样？他们心理出现了问题，性格有缺陷，无法克服。我想，傅总的成功是他心性的成功。

听　众：各位老师好！颜老师刚才讲到儒释道三家都是为了修行，只是道路不同而已。但是我一直有两个问题比较困惑。因为我的姑妈是信仰佛教的，我从小也受到了一些影响，现在也信仰佛教，但是我在信仰和迷信之间有点分不清楚。这是其一。第二，我虽然也很尊崇道家、道教的思想，但认为信仰应当是纯粹的。比如说每一年去衡山烧香的时候，在佛道共存的寺庙，我很纠结，很焦虑，这里既有佛教的菩萨，也有道教的神仙，我信的是佛教，看到道教的神仙，我是拜还是不拜呢？请雪亭老师为我们解答。

雪　亭：在泰国和缅甸把信佛信得很深的人叫作迷信，而在我们中国把不明道理、盲目崇拜的人叫迷信。其实从某种意义来讲，我们东方的宗教或者说我们中国人在信仰某种东西的时候带有很强的功利性；这种功利性让他的行为盲从，在他人看来就是迷信。信仰不该是这样。我们有信仰，是为了让我们的心有方向。比如说我要来株洲讲课，一定要有导航；有了导航，我很快就到了这个酒店，和大家如期而会。人生是需要导航的，信仰就是信众的人生导航。

但是信仰和修行还是有区别的。普通的人可以有信仰，却未必有修行。他们到佛门里头领一个皈依证，初一、十五到佛门里烧香，其实意义不大。有两句话可以揭示他们的本质。第一，无事不登三宝殿。他们来庙里，一定是心里有事。第二个，平时不烧香，临时抱佛脚。平时根本不理解佛教是什么，然后孩子管不好了，闹离婚了，或者房子被拆迁了，才到庙里烧香拜佛。你现在还年轻，我想告诉你，有信仰是宝贵的，有修行是更加宝贵的。修行者和信仰者是两个概念，谢谢！

听　众：非常感谢。我有两个问题：第一，人为何而生？第二，人该如何生？关于人生的共性和个性，希望老师给我们提供一点启发。

雪　亭：目前关于人类的来源有五种说法。佛教提出智慧闯入说，认为人是从光音天来的。那么简单地回答你，人为善而来，为善而去。因为和猪马牛羊相比，人是造了无量的善业，才投身为人，这就是为善而来。为善而去就是：如果想将来像王阳明那样"三立"的话，你最好是从现在开始修心，修口，修行；如果把三修修好了，那么你下辈子再做人，就可以福慧俱足，所以说就是为善而去。

人是因善而来，为善而去的。但是很多人执迷不悟，他不能够与人为善，这是非常可惜的。总之，不管是群体的人，还是个体的人，我用《华严经》的话来劝说，这就是"一即一切，一切即一"。每个个体都是当下俱足的，而且是你中有我，我中有你的，彼此都在一个生命的共同体之中。

第三讲　阳明心学精华直取

主讲人：雪亭

王阳明的精彩之处不是他的故事，不是他的"真三不朽"，而在于他"心学"的工夫和境界。心学是如何一步步形成的，真正的精华来自何处？为了适应现代人"直取"的学习习惯，雪亭老师在吉首大学把阳明心学的精华与友人做了分享。

王阳明的小名为什么叫王云？这里面有一个故事：他妈妈怀他的时候，他奶奶梦到有一位神仙似的老人怀里抱着一个娃娃，送到他们家里来了。她把这个梦境讲给了王阳明的爷爷听。他爷爷说：那好吧，就把这个娃娃叫王云。但是王云长到五岁，竟然还不会说话。家里人非常着急，到处求医问药。有一天，来了一个和尚，说：好个娃儿，可惜被道破。家人不再叫他王云，而叫他王守仁，然后这个娃娃就会说话了。中国老百姓讲的"圣人开口迟"这句话，就来源于这样一个典故。

那么，王守仁的这个"仁"字，怎么解？从狭义上讲，一切种子的胚胎叫"仁"。而仁义的"仁"是儒学的核心。"仁"

和我们是不是人的"人"是同音同义的，人就应该仁。学过儒学的人都知道，孔子曾说"仁者，人也"。

王阳明及其学说对后世影响巨大。我们就要问：我们国内从上到下为什么这么热衷阳明心学？郑佳明教授和许嘉璐先生对此现象产生的原因曾有详尽的分析。许嘉璐先生讲了这样一句话，他说："阳明心学的作用，就在于它是治疗当今社会'癌症'的一剂良药。"此话的分量是很重的。

一、心学何以如此热

第一个原因：国富民强了，我们这个民族需要从道德上、文化上、思想上找自己民族的出路。如果找不到出路，这个民族是无法自强自立的，无法立足于世界民族之林。

第二个原因：贪腐现象非常严重，屡禁不止。在这种情况下，阳明心学会为我们的心灵找到安顿，会为我们的道德伦理找到边界，它会从精神上给我们一个架构。

第三个原因：贫富悬殊很大，有些社会矛盾比较剧烈。

第四个原因，宗教的东西，我们不敢碰；西方的东西，我们也不想要了；传统，我们也丢得差不多了。我们解决温饱问题以后，国富民强的中国人需要重新来继承、审视我们的民族传统。在这种情况下看阳明心学，拿现在网络语言来说，它非常好，都是干货；具有可操作性，有抓手。与之不同，如果你信仰一种宗教，它有很多的仪轨和包装，你很难直接汲取它的营养。如果你学儒学，学道学，或者学佛学，因为这些理论系统都是非常庞大的，你也难以找到入手的地方。基于以上四个原因，阳明心学从民间到官方悄然兴起。

阳明心学又被称为新儒学，它是以儒家的学统和道统为主体架构的。但是，它吸收、借鉴了禅学的精华；否则，就会沿袭旧儒学的弊端。

第一，我们在教科书里可以看到，封建统治者用儒学去统治和麻醉人民，因为它有可供利用的成分在里面。

第二，儒学诚然讲修身、齐家、治国、平天下，讲三立，会为我们的安身立命提供一个道德架构，但是它会让我们失去心灵的自由，因此就出现了范进中举这样的事情。从古代小说里都能看到：那些人考科举考到最后，考得人都不像人了。它是一种心灵的枷锁，一种致命的东西。它和今天激荡的社会思想和文化是不能够相应的。现在有些人对儒学很热衷，不过你要从更高的高度来理解这个东西。如果你只顾去解释字词，寻章摘句，你就走入了歧途。

第三，儒学本身有局限性。你必须了解道学，了解佛学以后，才能发现儒学本身是有局限的。不是说它好，就一切都好。那么它的局限性在哪里呢？首先，对于心性的探讨，它绝对不如佛学。佛教里《楞严经》《楞伽经》对于心性的研究是非常精到的。其次,儒家对于宇宙的研究也很不足。与之不同,《华严经》讲理无碍、事无碍、理事无碍、事事无碍,这些思想对今天的互联网世界、物流世界以及对未来世界的架构都有非常好的参考价值。佛学所具有的这些特质恰恰是儒学的短板。这里只提几点纲要,搞学术的人一听就懂。总而言之,阳明心学的兴起是因为它比较解渴。通过我今天的讲课,大家也能看到。

近一百年来,韩国和日本的主流社会都在研究阳明心学,阳明心学成为日本与韩国崛起的一种精神力量。今天我们的中国要国富民强,阳明心学能不能为我们提供一种精神上的支撑力量呢?我认为是可以的。

二、从"此心光明"看王阳明的生死观

其实我们现在的人是很怕死的。一生病,就担心自己得了癌症。有些人即便活了九十岁,如果生病了,医生治不好,就觉得医生无能,或者没有尽力。他们希望自己可以活一百二十岁,甚至活八百岁,老而不死。实际上,医患关系紧张,也可以说是中国人的生死观出了问题。

王阳明在十六岁的时候,学习朱熹的"格物致知"。他废寝忘食,甚至不去结婚,就在那里格竹子。因为他对"格物致知"

的理解有偏差，结果受了湿寒，就得了肺病，吐血。由此，他开始怀疑朱熹讲的"格物致知"是真是假。得了肺病以后，终生不能痊愈，所以只活到五十七岁。在他临死的时候，学生问他：你是一个悟了道的人，却怎么只活了这么短的时间？王阳明说："此心光明，亦复何言。"这八个字的含义是很深的，我直接告诉大家，这句话是超越了生死的。按照佛教禅宗的说法，人一辈子，生和死就像从冬天到春天换了一件衣服一样。什么样的人才能超越生死？明心见性的人才能够超越生死，破了名利观、生死观的人才能够超越生死。

一般人是贪生怕死的。我们的生命有三个倾向，第一个是趋福避祸，第二个是离苦得乐，第三个就是贪生怕死。这是所有生命的三个基本倾向。而王阳明在他临死的时候留下"此心光明，亦复何言"这句话，是惊天地、泣鬼神的。他超越了生死，拿佛教的话来说，他看破了生死，超越了生死。只有这样的人，他才敢说"此心光明，亦复何言"。当然，从中可以体会出佛教的生死观对他的影响，因为儒家主张"未知生，焉知死"的生死观，对生死问题是悬置的。

跟王阳明相似的还有几个人物，比如宋明理学的创始人周敦颐才活了五十六岁，张载也只活了五十七岁。他们的寿命都不长，但是，他们在追求真理的道路上，在修道的道路上，并未因为自己的寿命短而感到遗憾。

三、心学的理论节点

阳明的心学理论有若干个节点。第一个节点就是"格物致知"。你打开百度一查，"格物致知"有上千种说法。如果按照佛教禅宗的说法，所谓"格物致知"，一言以蔽之，就是明心见性。先讲这个"知"，在古代，知道的"知"和智慧的"智"是通假字，如"仁者乐山，知者乐水"的"知"就通"智"。因此我主张把"格物致知"理解为格物以致智，就是通过对万事万物的参悟，不仅获得关于它的知识，明白它的道理，而且能够达到开悟的境界。这样一来，"格物致知"就非常有价值了。从方法论来说，格物就是研究、判断、分析万事万物之理，获得相应的知识。我们不需要参加工农业生产，不需要到大自然当中去，也不需返观内求，只看一本书，也能够获得知识。但是显然，这是不够的，没有达到智者的境界。所以，我认为"格物致知"是生命的一种质变，即透过万事万物而开悟。

朱熹"格物致知"的核心是理，万事万物后面都隐藏着一个理。比如说，我拿一本书，它是方的，那它一定符合方的原理。万事万物后面都有一个理。但是，万事万物的后面更有大道，按庄子讲的来说，"道通为一"，道是相通的。而王阳明讲的"格物致知"的真正落脚点是在良知。致良知，换一个说法，就是复性。我们为什么要读书呢？我们为什么要拜师呢？我们为什么要修行呢？要复性！

良知又是什么东西呢？《孟子》云："人之所不学而能者，其良能也。所不虑而知者，其良知也。孩提之童无不爱其亲者，及其长也，无不知敬其兄也。"意思是说，我们带着一股清气来到天地间，本具良知良能。它不是学来的，不是教来的。我们的心就像一面宝镜一样，原本就具有成像的能力，叫"不虑而知者，其良知也"。这句话是非常重要的。遗憾的是，我们今天的人过于崇尚科学。崇尚科学，这本没问题。但是，外来的知识与外烁的心理，有可能让我们心中的法尘更厚，从而遮盖了我们的本性。

近代日本，以"格物致知"理解、翻译"科学"。而科学家这个概念，出现得就更晚了。到了19世纪，一些生物学家和社会学家在英国开会。对于这些研究万事万物之理的人，这些在实验室做研究的人，我们该如何称呼呢？于是科学家的名称出现了。也就是说，科学和格物之间有着翻译上的、内容上的深度联系。我在这里想讲的是，我们中国人在研究"格物致知"的时候往心内走了，诉诸自己的本来面目，诉诸自己的良心和道德，构建起一套圣贤之学；而西方人在接受"格物致知"（科学）的理论以后往外走了，发现了一系列的科学原理，创造了一系列的科学方法，使之成为独立的学科。

我们把程朱理学和陆王心学统称为理学。"格物致知"是第一个理论节点。学习阳明心学必须对"格物致知"的精要内容，静下心来悟透。再往深处说，是很有意思的。到了今天，科学家们突然发现：我们在探索宇宙的时候，永远无法把自己从宇宙中脱离出来，只要你利用了实验室，利用了公式，利用了工具，有被观察者就有观察者；所谓完全独立于主观的客观是不存在的。这是科学家遇到的一个很大的疑惑，无法解答。为什么现在佛学和理论物理学如此之热？原因就在这里。

第二个节点叫"知行合一"。从先秦一直到我们现代，知行观经历了这样几个阶段。第一阶段是知难行易。古人认为知道很难，真正知了道去行道是比较容易的，这是第一个论点。因此，程颢、程颐的父亲程珦在把他两个优秀的儿子交给周敦颐去教育的时候，说："周茂叔，知道者也。"意思是周茂叔虽然官品不高，声名不显，但他是"知道"的。这个"知道"不是现在的说法，不是我们现在说的"知不知道"的"知道"。古代人讲"知道"，那个"道"是本体。我们所有的求知，做学问，都是为了知"道"。但是，知"道"是很难的。

第二阶段是知易行难。有一部分人从学理上会告诉我们，认识很容易，但是做到很难。时至今日，很多人仍持有这种观点。到了清朝，关于知行问题，王船山先生认为应该"实知实行"。一个人不但知道的要真实，他的行为也要真实，只有这样的人才能够真正成功。

关于王阳明先生讲的"知行合一"，也有很多解释。根据《传习录》记载："问：圣人生知安行是自然的，如何有甚工夫？先生曰：知行二字即是工夫，但有浅深难易之殊耳。良知原是精精明明，如欲孝亲，生知安行的只是依此良知实落尽孝而已；学知利行者只是时时省觉、务要依此良知尽孝而已。"可见，知是知非是良知，依良知所知而实落行之即是"致良知"。

知行本来只是一个工夫。他说："知行原是两个字说一个工夫。若头脑处见得分明，则虽把知行分作两个说，毕竟将来做那一个工夫。"所谓"一个工夫"，就是指人在任何时候都要进行道德修养和伦理实践。不论有事无事，常存天理、克除私欲。无事时念念存天理、去人欲，既是知，也是行；有事时亦常存天理、去人欲，既是行，也是知。在不间断地存天理、去人欲中实现了知行合一，这个工夫就是圣学工夫。

我想："知行合一"合在心上和道上，如此理解才是更精准的；在此基础上，一个人的念头、观念、思想和他的行为是须臾不可分离的。人是灵长类动物，是具有观念的动物，人是宇宙之灵。西方人认为，因为有了人，宇宙才有了意义。人最宝贵的东西是自己的心灵。我是男的，你是女的，我是 160 斤，你是 120 斤，这些只相当于手机的外壳，并不具有核心价值。

在《传习录》里，王阳明是如何描写"知行合一"呢？由于它十分重要，我们必须把它牢牢记住——"知是行之始，行是知之成。"当一个人付诸行动了，结果已经产生了。按佛教来说，因和果是同时的。从教学上讲，把因和果分开，是为了便于理解因果关系而已。我们看到树上结的任何一个果子，果中就有因，因中就有果，因和果是不能分离的。在王阳明看来，"知行合一"也一样，开始在我们的心上，结果也在我们的心上。

纵观世界上成功的人，其心性的修炼一定是超出常人的。一定是他的心修炼成功了，才表现为学问和事业的成功。投机取巧的人，即便成功了，也不会长久，因为生命不是买彩票。所以，我觉得，对今天的中国人，不管是商人还是官员，王阳明心学都有极大的教育意义。只有当真正的道德心在心上生根的时候，你当下才是心安的，才是幸福的，也才是有价值的。除此之外，你通过其他任何手段获得的成功都不会长久，都是暂时的。

为什么说"知行合一"合在道上？因为，我们通过学习要认识的是道，我们的行为要践行的也是道，想和做在道上是高度统一的。就是说，你的意识要合乎道，你的行为也要合乎道。理论指导实践，这么说没问题。但它是对群体经验来讲的，涉及对整个社会的理论构建与指导是可以这样讲的。比如说，我们先在学校学习，然后再到社会上去实践，完全是可以的。与之不同，王阳明是儒家道统的传承人，这一传承类似南宗顿悟法门。他的"知行合一"看似简单，其实，对个体心性的要求是非常高的。一般人就是明白此理，也落实不了。

第三个节点是"致良知"。阳明心学的核心是"致良知"。致是到达、修炼。致良知就是找到自己的本心和本性。

在这一点上，佛学对儒学有三大贡献。第一个贡献就是心性的贡献。佛教的《楞伽经》《楞严经》都曾讲到人的心性。《楞严经》一开始就谈七处征心。你的心在哪里呢？什么是你的心呢？阿难上下内外觅心，却不可得。唯识类的经典，都会对我们的心进行分析。

这个心不是心脏的心，也不是我们思维的心，而是隐藏在生命后面的一个东西。可以简单地把它勾画为情商和智商在人身上的高度统一，它是隐藏在我们生命后面一个起主宰作用的东西。佛教论心，像剥洋葱一样，层层剥皮，剥到最后，是无心的。它是无心的，但是又具有百般妙用。佛经里对心做了大量的阐释，叫"本来面目"，叫"真心"，叫"佛性"，叫"法性"，叫"明心见性"，有很多描写。

从周敦颐到王阳明的理学思想，都受到了禅学的深刻影响。尤其是心性学说，禅学的贡献是主要的。王阳明并不讳言，这些有关"无"的生存智慧吸收了佛教禅宗的思想；他曾明确肯定《金刚经》"应无所著而生其心"的思想。

黄绾是王阳明最亲密的友人，最了解阳明的思想，晚年却转而批评阳明。他曾说："（王阳明）又令看《六祖坛经》，会其'本来无一物'，'不思善、不思恶'，见'本来面目'，为直超上乘，以为合于良知之至极……故言工夫，惟有去私而已，故以不起意、无意必、无声无臭为得良知本体。"

由此可见，王阳明对于儒释道的态度与一般儒者大不相同。他不仅肯定佛家的某些教义与圣人之道相同，甚至鼓励门人去读《坛经》，把禅宗的思想与良知的思想结合起来。

"本来面目"在禅学中即指清净佛性，"本来无一物"也是指心体本自清净。王阳明曾说禅门的本来面目即是良知："不思善不思恶时认本来面目，此佛氏为未识本来面目者设此方便。本来面目即吾圣门所谓良知。随物而格，是致知之功。即佛氏之常惺惺，亦是常存他本来面目耳。"

阳明"四句教"中的首句"无善无恶心之体"无疑受到《坛经》的影响。王阳明自己对于"无善无恶心之体"有具体的解释，即"人心本体原是明莹无滞的，原是个未发之中"。《年谱》对此有更为详细的解释："有只是你自有，良知本体原来无有，本体只是太虚，太虚之中，日月星辰、雨露风霜、阴霾饐气，何物不有？而又何一物得为太虚之障？人心本体亦复如是，太虚无形，一过而化，亦何费纤毫气力！"

把自性清净的心体比喻为太虚，在《坛经》中已有此说："何名摩诃？摩诃是大，心量广大，犹如虚空，无有边畔。"又曰："自性能含万法是大，万法在诸人性中，若见一切人恶之与善尽皆不取不舍，亦不染著，心如虚空，名之为大，故曰摩诃。"

王阳明对良知的定义也明显受到《坛经》的影响。五祖为说《金刚经》，至"应无所住而生其心"，慧能言下大悟一切万法，不离自性。遂启祖言："何期自性？本自清净。何期自性？本不生灭。何期自性？本自具足。何期自性？本无动摇。何期自性？能生万法。"

而王阳明对良知的定义是："盖吾良知之体本自聪明睿知，本自宽裕温柔，本自发刚强毅，本自斋庄中正、文理密察，本自溥溥渊泉而时出之，本无富贵之可慕，本无贫贱之可忧，本无得丧之可欣戚，爱憎之可取舍。"

佛学对于儒学的另一个贡献就是工夫论。和尚在禅堂里两条腿一盘，能不能坐得住，是工夫；坐在那里能不能入定，是工夫。儒学作为伦理学，作为教育学，作为思想，它缺乏工夫这一课。但是从周敦颐开始一直到王阳明，他们不断地和道士、和尚交朋友，他们不断地看佛经，慢慢地就发现了儒者也要做工夫。

根据《年谱》记载：王阳明三十岁时，公事之余，遂游九华，作《游九华赋》，宿无相、化城诸寺。是时道者蔡蓬头善谈仙，待以客礼。请问。蔡曰："尚未。"有顷，屏左右，引至后亭。再拜，请问。蔡曰："尚未。"问至再三，蔡曰："汝后堂、后亭礼虽隆，终不忘官相。"一笑而别。闻地藏洞有异人，坐卧松毛，不火食，历岩险访之。正熟睡，先生坐傍，抚其足。有顷醒，惊曰："路险，何得至此！"因论最上乘，曰："周濂溪、程明道是儒家两个好秀才。"后再至，其人已他移，故后有会心人远之叹。

三十一岁时，王阳明告病归越，筑室阳明洞中，行导引术。久之，遂先知。三十七岁时，王阳明自计得失荣辱皆能超脱，惟生死一念尚觉未化，乃为石椁，自誓曰："吾惟俟命而已！"日夜端居澄默，以求静一。因念圣人处此，更有何道，忽中夜大悟"格物致知"之旨，不觉呼跃，从者皆惊。始知："圣人之道，吾性自足。向之求理于事物者，误也。"

由此可知，王阳明自己对佛家的静坐工夫是有深刻体会的，也正是得益于此，才能在贵州龙场大悟"格物致知"之旨，始知"圣人之道，吾性自足"。

同时，王阳明也教导其门人静坐。在正德五年（时年39岁），写下《与辰中诸生》，提出"静坐"说，把静坐视作为学入门之功，劝学者通过静坐自悟性体。他有时还直接带门人到寺院禅堂里去静坐。根据《年谱》记载，正德五年，王阳明与诸生静坐于僧寺，使自悟性体，顾恍恍若有可即者。但他指出：静坐本身不是目的，也不是要坐禅入定，只是针对常人心念走作，容易受到外界事物的干扰，而"欲以此补小学收放心一段工夫耳"。

正德八年，王阳明在滁阳时也曾教人静坐。其中有一段关于静坐工夫的开示，明显是借鉴于禅门的参话头。《年谱》记载，孟源问："静中思虑纷杂，不能强禁绝"，阳明回答说："纷杂思虑亦强禁绝不得，只就思虑萌动处省察克治，到天理精明后，有个物各付物的意思，自然精专，无纷杂之念。"这里的"只就思虑萌动处省察克治"不就是禅门的照顾话头吗？

一个人可能获得了很多知识，明白了很多的道理，但他能不能成功，取决于修养工夫。王阳明被刘瑾迫害，冒着生命危险，在龙场苦参三年，类似和尚住山闭关，参话头：圣人落到我这种地步，该如何想。这是工夫。他后来用一万散兵游勇打败了宁王的十万叛军，仅仅用了四十三天。这也是工夫。

这种工夫不是在寺庙里，在禅堂里，或是在念佛堂里，而是在官场上，在战场上。你有没有功夫，平常看不出来。上了擂台，你能不能把对方打下去？这个时候，才显功夫。我们今天学习王阳明，会获得一种生命的力量，就在于王阳明有工夫。我们应该向他学这个工夫。你别说我很会读书，很会念佛。美女抱着你，你还念不念佛呢？有人拿着刀子要砍你的头，你还念不念佛呢？只有经受住考验，才叫工夫。总之，佛学对于儒学的影响是巨大的。

最后一个贡献是境界。讲到境界，六祖大师的《法宝坛经》，佛教的《华严经》，大儒都有所涉猎。他们很会读书，看了《华严经》，看了六祖大师的《法宝坛经》，获得了一种境界，一种觉悟的境界。我们在王阳明的履历当中能够看到他达到了这种境界。

举一个简单的例子，他平定了宁王之乱以后，刚到南京，还没有回到北京，上面就给他列了四条罪状，其中一条是结交贼人、假冒军功。王阳明根本没有看完，就把它往旁边一放，改道上了九华山，和蔡蓬头谈禅论道去了。也就是说，王阳明被奸佞这样迫害，也没有陷入人我是非当中。那是一种超越二元对立的境界。

今天的学校、寺庙，能不能让你的心灵超越二元对立呢？也就是说，能不能让你从人我是非当中解脱出来？不能。这是一种境界，需要自己去悟。大部分知识分子，大部分宗教职业者，是不能够从这种二元对立中超拔出来的。他们百分之七十的精力都消耗在人事上，并且给自己一个所谓的理由，这对生命是极大的浪费。这就是我为什么要研究阳明心学的原因。要撕掉标签，拆开包装，看看哪一种东西是货真价实的。

我们再回过头来，看一下"致良知"。《孟子》曰："人之所不学而能者，其良能也。所不虑而知者，其良知也。"佛教说，人人皆可成佛，狗子也有佛性。那么，良知和佛性是什么关系？"良知"和佛性之间有一个概念上的交集。

佛性的范围更广，一切有情都有佛性；而良知是专对人说的，并且它有道统。这个道统源自孟子的四心之说："恻隐之心，仁之端也；羞恶之心，义之端也；辞让之心，礼之端也；是非之心，智之端也。"

孟子的四心说就是对良知最好的解释。从工夫上来讲，我们要超越名利，超越生死，恢复到本性清净光明的那一面，叫复性。要真正知道良知，必须达到复性的境界。如果不能够复性，你是不知道良知的。我们为什么不知道自己有良知良能呢？是因为我们被贪欲、被是非、被名利蒙蔽了自己的心。因此，王阳明和禅宗一样，认为我们的心就像玉石一样，要勤加雕琢、打磨，然后才能恢复到那种本自清净的状态。

六祖大师的《法宝坛经》里有四句话，和阳明心学，和《孟子》是可以互相印证的。六祖是樵夫出身，没有文化，他在开悟以后说了几句话：何期自性，本自清净；何期自性，本不生灭；何期自性，本自具足；何期自性，本无动摇；何期自性，能生万法。众生皆有佛性，即心是佛。

由此可见，那些大儒在学习了佛经以后，他们的学问与悟性提高了；生命得到了佛学的印证以后，充满了自信。不仅王阳明在说"致良知",其实佛经里早就说,我们的自性是不生不灭、不垢不净、本自具足的。释迦牟尼佛在菩提树下悟道的时候说:"大地众生皆有如来智慧,只因妄想、颠倒、执着,不能证得。"我们看《金刚经》《华严经》《楞严经》的时候可以印证到,古圣先贤对于"良知"内涵和外延的理解是高度一致的。"致良知"最重要的理论依据是《孟子》中的"所不虑而知者,其良知也"。虑就是思虑,思虑在佛教里叫分别。当我们评判外部世界是非善恶的时候,我们已经动了念头,已经失去了本心。因此,佛教也认可"不虑而知者,良知也"。当我发现佛学和儒学在这一点上共通的时候,我非常欣然。

为什么会出现儒释道合一的阳明心学?我们把它称为新儒学,是因为他把此前僵化的儒学激活了,让儒学焕发了一种生命的光彩,从此以后,儒学不再仅仅是一种道德伦理架构和说教了,而是发自于内心的精神诉求与力量。像禅者那样,在经书之外,在心灵深处,因为得到"那一滴骨血"而充满法喜禅乐。

四、"四句教"的本质是禅心

陕西眉县的张横渠也有四句教:"为天地立心,为生民立命,为往圣继绝学,为万世开太平。"他有一种浩然正气,这种浩然正气也是从孟子那里继承来的。张载的学问也是非常好的，"气说"，即万物原乎一气是其理论核心。当然，这不是我要讲的重点，我重点要讲阳明"四句教"。

王阳明"四句教"的第一句是"无善无恶心之体"。佛学也认为：人心的本源状态是没有善恶的，像一面镜子，是清清净净的。"无善无恶心之体"与六祖的"菩提本无树，明镜亦非台。本来无一物，何处惹尘埃"有异曲同工之妙。

佛教与王阳明都认为，这个本体是人的"存在"的最根本的基点，体认这个本来一无所有、清静自在的心体，是人达到一无所滞、来去自由的境界的根据。有了这个根据，有了这样的境界，人才能在现实生活中做到不为名利所动，不为富贵贫贱所扰，拿得起，放得下，不执着于成败得失，人的心灵才能摆脱一切束缚，永远自由自在，才能发挥或实现个体的最大潜能。

第二句是"有善有恶意之动"。当你起心动念的时候，你已经有了善恶的分别。六祖在《坛经》里说："不是风动，不是幡动，仁者心动。"通过比较，你会发现，学问是相通的。根据《大乘起信论》，我们可以这样来理解"有善有恶意之动"：真心不守自性，心动则意生，动则有苦，果不离因，果报有善有恶，望果说因，则是有善有恶意之动。

然而意的本体则是无善无恶的心体，王阳明说："心之所发便是意，意之本体便是知。""心者身之主也，而心之虚灵明觉即所谓本然之良知也，其虚灵明觉之良知应感而动者谓之意。有知而后有意，无知则无意矣，知非意之体乎？"善恶之意和本体心（即是良知）的关系就像浪花和大海的关系，大海因为风的鼓动而涌起浪花，浪花虽然有高有低，但其作为水的本质和大海是没有区别的。

第三句是"知善知恶是良知"。王阳明在《大学问》里说："良知者，孟子所谓'是非之心，人皆有之'者也。是非之心不待虑而知，不待学而得，是故谓之良知。是乃天命之性，吾心之本体，自然灵昭明觉者也。凡意念之发，吾心之良知无有不自知者。其善欤，亦惟吾心之良知自知之，不善欤，亦惟吾心之良知自知之。"这里的"吾心之本体自然灵昭明觉者"也就是《大乘起信论》里说的真如自体本具的功德："自体有大智慧光明义故、遍照法界义故、真实识知义故、自性清净心义故"。这和《维摩诘经》里的"能善分别诸法相，于第一义而不动"也是相同的意思。

当一个人知道是非、长短、黑白、善恶的时候，说明他的良知在起作用。一个真正的坏人，一个十恶不赦的人，他会知道自己犯错吗？他会悔改吗？他会忏悔吗？他不会，因为他失去了良知，或者说他的良知已经被遮蔽得看不见天日了。普通的老百姓知道善恶，说明良知还在起作用。如果我们敬畏道德，敬畏法律，不管敬畏什么，那么晚上躺在床上，静下心来，想一想自己这一天说的话、做的事，我们心里头都会有一种判断，那就是良知在起作用。

我们国家今天的法律教育和道德教育，如果再配上良知教育，就非常完美了。犯罪的人会被制裁，普通的人会受道德的规劝，而悟性比较高的人则应该恢复自己的良知。

第四句是"为善去恶是格物"。王阳明心学格物理论的基础是心即理说，即格物所要穷得的"理"存在于人的内心之中。他在龙场悟道时明确提出格物不应向外求理，而应反求诸心，于是格物变为求心。

他在《传习录》提出"格心"说："格物如孟子'大人格君心'之格，是去其心之不正，以全其本体之正。但意念所在，即要去其不正以全其正，即无时无处不是存天理，即是穷理，天理即是明德，穷理即是明明德。"《传习录》又曰："问格物，先生曰：格者，正也，正其不正以归于正也。"格物的一重意涵是革除自己的物欲。他在《传习录》里说："格者，正也。正其不正以归于正之谓也。正其不正者，去恶之谓也。归于正者，为善之谓也，夫是之谓格。"

在王阳明来看，一个人能够把恶习革除掉，并且能从善如流，这就是格物。格物的过程就是生命向善向上的一个过程，是人进步的一个过程。格物不是往外寻求万事万物的原理，把它演绎成科学。我们今天的经济发展，我们今天的科学发展，总觉得少了点什么。少了什么？少了人文。科学和经济的发展如果没有人文，那么这种工具就未必能造福于人类。所以在王阳明心学里，"为善去恶是格物"。

可见，王阳明工夫论的基本内容是——存天理，去人欲。意念之发有善有恶，存善去恶即是诚意。但是要在意念上存善去恶，首先必须辨明善恶。王阳明认为，人都具有天生的"良知"作为内在的是非准则，良知能够辨明意念中的善与恶。但是，良知在个体中不同程度地受到私欲的蒙蔽。从而，要真正使内心有一个健全完满的是非准则，就要"致知"，即至极其良知，把不完满的良知扩充至极。

扩充良知的过程必须通过格物。格物是指"实有其事"，"即其所在之物而实有以为之"。格物就是即物而正其不正，不仅要即物正心，也要正物之不正，使我们的活动、行为合于至善之正。

讲到革除自己的物欲的时候，我们对于欲要勤加分辨。很多人说，佛教不是叫人无求无欲吗？错。从私心出发的、贪婪的、过度的叫恶法欲。我们吃饭、生儿育女、学习、做好事，这叫善法欲。很多人对佛教的误解就在于此，好像无欲就是我什么都不干了。你两条腿站在地上，上面还有一个嘴巴要吃饭，怎么能够不求进步呢？所以，欲分为善法欲和恶法欲。由于佛教的讲经传道不够，所以大家对这方面是有误解的。

近代以来，学界和大众对朱子"存天理，灭人欲"大肆批判，这种批判其实是值得商榷的。他们没有对"人欲"加以辨析。去人欲的欲是过度的欲望。库房里的钱都垒成墙了，黄金都得用吊车吊，那就是人欲。吃饭睡觉、生儿育女、孝敬老人，这是人本来和天地同步的人欲，朱熹并没有说要把这个东西灭掉。所以说，我们过去批判朱熹的时候，根本就没有说到点子上，这是文字案造成的。

儒家学说当中有八条目。"格物致知"，正心诚意，修齐治平，最终立德、立功、立言，这是《大学》的基本思想，也是传统社会的教育和道德伦理架构。在儒家来看，人生的最大价值就在于立德。不管你是农民还是官员，不能丢弃德性，这是来源于道，人之为人的根本。其次，有余力，运气好，可以升官，可以发财，可以为民立功。但这是它的第二个层面。最后一个层面是立言，儒家把立言放在最后，这个秩序是不能混乱的。也就是说，立言要在立德的基础上，立功也要在立德的基础上。你不能踩着别人的肩膀，把别人的论文剽窃了，把别人的东西放在自己的身上。那样的立功、立言是不可以的，所以说立德是基础。

王阳明为什么叫"真三不朽"？从立德来说，刘瑾对他进行迫害，把他排挤出北京城。可是，他人前人后从未说过刘瑾半句坏话，至少我们在《王阳明全集》里看不到。这就说明，王阳明的道德水平是超出了二元对立的，他不愿去说是非。

立功就是平定宁王之乱，用一万散兵游勇打败了宁王的十万正规军队。立言的代表作就是《传习录》。他在《传习录》当中，把儒学中的心性问题、工夫问题、境界问题、道德问题，都给我们做了非常精妙的阐述。因此，学阳明心学就必须学习《传习录》。

阳明心学告诉我们凡事必须"事上磨"。当你获得一种知识，获得一种信仰，懂得一定道理以后，不要仅仅停留在书本上，停留在学校里，而是要在事上磨，用一件又一件的事情来锤炼你的心。阳明在平定宁王之乱后被人诬告，列了四条罪状，但他没有去辨别是非，他并不在乎外在的荣辱。阳明一生经历了很多考验。当年被刘瑾迫害，他被迫在钱塘江边装死，然后不敢取道湖南直奔贵州，而是绕道福建，在路上差点被老虎吃掉。到了贵州的龙场之后，当地的土著不断地欺负他，骚扰他。

他已经如此没落了，他们还欺负他，骚扰他。所有这些，都成为他磨炼心性、提升自我的助力。大家讲王阳明的传奇时，就特别喜欢讲有关内容。

这里有几个故事，我讲给大家听听。第一个是"聋哑圣人"的故事。阳明收了一个徒弟叫杨茂，此人又老又聋又哑。其他学生很不满意：我们都是高才生，你怎么收了一个聋哑人？阳明在杨茂的手上写了个"道"字，杨茂就连连点头；然后他又在杨茂的手心上写了个"孝"字，杨茂又连连点头。阳明告诉他的学生，这就是聋哑圣人。一个人是不是圣人，不在于他能不能用眼睛看，用嘴巴说，而在于他心性的高度。

还有一个龙场当地的流氓，相当于土匪，每天都到阳明的门口去骚扰他。有一天阳明到集市上买生活用品，这个流氓又碰到他，说："哎，我终于碰到你了。你今天出来，就别想回去，我要把你杀掉。"王阳明说："死，我倒不怕，你得给我讲清楚：我和你前世无怨，后世无仇，你为什么要我的脑袋呢？""没有理由，我就看不惯你。"王阳明说："可以。在我死之前，你在市场上把裤子脱掉。你敢把裤子脱了，我就把脑袋给你。"当着父老乡亲的面脱裤子，这个人做不到。阳明说："你虽然沦为土匪，但是你还有良知良能，你还知道羞辱。你不敢脱裤子，就证明你还是可以教化的。"此人后来成了王阳明的大护法。

还有一个人叫王质，是时任贵州巡抚。他看到王阳明到龙场讲学，为了维护自己的权威，向刘瑾示好，就指使差役把王阳明撵走。他说贵州这个地方不能让阳明来讲学，并不断地施压、骚扰。王阳明则通过自己的道德和行为感动了当地土著，土著将这些差役打跑了。王质要加罪阳明，但经过贵州按察司毛应奎调解，此事不了了之。后来，毛应奎也成为他很好的护法、很好的学生。

王阳明被贬到龙场，有房子都住不成，于是就住在山洞里。他一住就是三年，当时给自己列了个题目：圣人落到我这个地步，该如何想？我们现代人如果落到这种地步，一定是抑郁症或者精神分裂症患者了，但王阳明没有。"圣人落到我这个地步，该如何想？"这里暗含着一个答案，就是孔颜乐处。我们今天学习孔孟之道，学习传统文化，把它当成伦理学，当成思想学，可不可以呢？可以，但是没有到位。那个最精妙的地方，你没有得到。孔孟之道最精华的部分是孔颜乐处。孔子周游列国，不被重用，命运不济，他并没有因此而沮丧。"一箪食，一瓢饮，居陋巷，人不堪其忧，回也不改其乐。贤哉，回也！"这就是颜回的思想境界。我们今天很多人信仰宗教，学习儒学，并没有得到它最精华的部分，并没得到真实的受用。故此，越热情，越精进，离道越远。

阳明悟道以后，说了一句惊天地、泣鬼神的话："吾独得孔孟一滴骨血。"他还说:"区区所谓致知二字,乃是孔门正法眼藏!"现在研究阳明心学,研究儒学,有几人能把这句话解释得了?"独得孔孟一滴骨血"是什么意思呢?就是说他在冥冥之中得到了孔孟的心传。只有这样的人,才能够立德、立功、立言。

所谓"事上磨",其实就是"动中修"。阳明曾在龙场岩洞里参禅打坐三年。其实,如果把衣服换了,他就是一名高僧、一名高道。你换个角度去看他,他好像只是穿了儒生的衣服而已。什么叫"动中修"呢?在社会实践上。我们现在的人,信佛了,或者学了儒学,然后家中安坐,或者入山修行。这能解决问题吗?这从根本上不能够解决社会问题,也不能解决人的心理问题。真正解决问题要在"动中修",面对名利,面对生死,能过得了关,那才叫修行。假如一个人躲在终南山里,不吃肉,不喝酒,没老婆,没孩子,不与他人交流,那么他活着是一堆肉,死了还是一堆肉。现在有很多人学儒学和修行都走偏了,自己还不知道。

最后,谈谈阳明的名言——"除山中之贼易,除心中之贼难"。他说:消灭山中的贼寇是比较容易的,但是起心动念,各种各样繁杂的念头此进彼伏,要一一加以对治,这件事不好办。请大家想一下:这件事好办吗?被法律所震慑,关在监狱里,你当然不敢乱说乱动,当然要坦白从宽、抗拒从严。有人一心念佛，当然也不难。那难的是什么呢？难的是起心动念后你的真心不被偷走。你能不能守住你的真心？这需要真正的工夫和境界，不是你讲一段话，写一本书就能解决问题的。

五、心外无物与万法唯心

面对今天的社会，我们要思考一些东西。我先讲王阳明的"岩中花树"之喻，因为这是挺有美感的一件事。王阳明回到他的老家余姚，有一天带着他的学生到会稽山去游玩。他的学生就向他发难，说："你老是给我们讲心外无理，一切理都在吾性自足。你看半山腰的岩石上开的那朵杜鹃花红艳艳的，你和我没来之时，杜鹃花就在那里开着。你怎么能说心外无物呢？"下面就是王阳明的原话："你未看此花时，此花与汝心同归于寂；你来看此花时，则此花颜色一时明白起来。"

也就是说，在心的主观性和外界事物存在的客观性之间，有一个反映的过程，有一个交集。我给大家打个比喻。我们的心就像这瓶矿泉水，它是无色无味的，当你在水里放进茶叶的时候，它就是茶叶的味道，但是水性没有改；当你放进糖的时候，它就是甜的味道，水性仍然没有改；当你放进药的时候，它变成苦的。水性改了没有？水性依然没有改变。只有禅宗或儒家中慎独工夫很深的人，才能够把心和物的关系搞清楚。但是，我们古代的医学，比如《黄帝内经》和古代的哲学会告诉我们一个概念，叫心物一元。再通俗地讲，虽然人是能动的，外部世界是被动的，但是在最初的发端，从发生论、本体论上说，心和物是一个东西，不是两个。

我们人类和外在世界都是由真心显示的，是一，不是二。这在大乘经典《华严经》中说得很清楚："若人欲了知，三世一切佛。应观法界性，一切唯心造。"在唯识经典《解深密经》中也说："然即此心如是生时，即有如是影像显现。"这其实就是佛经里常说的"心生则种种法生，心灭则种种法灭故。"

《楞严经》中更是直接地说，我们眼前的有情和无情世界都是真如心变现的，也都在此真如心中："色心诸缘及心所使诸所缘法，唯心所现。汝身、汝心皆是妙明真精妙心中所现物。……一迷为心，决定惑为色身之内，不知色身外洎山河虚空大地，咸是妙明真心中物。"

我们目前对世界和自己的认识还是比较粗糙的，总有一天，我们会解决心物一元的问题。我希望随着量子物理学的发展，最终能把心物一元的问题给大家阐述得明明白白。我相信这一天会到来。到那时，我们会感叹古圣先贤，他们已经站在了真理的制高点，但是由于我们自己不读书、不思考，把民族精神最精华的部分都丢掉了。我们因为盲目地崇拜西方的价值观、方法论和人生观，所以迷失了自己；我们应从天人感应、心物一元当中找回民族自信。

我们学习传统文化，会接触到中庸，接触到佛学里的中道，接触到致中和。古代人对于自己的心灵架构和社会架构的理解是非常完美的。当你了解这种完美的时候，就会消除心中的二元对立。

今天的我们有点疯狂，与天斗，其乐无穷，与地斗，其乐无穷，与人斗，其乐无穷，我们不断地对外部世界进行利用、改造和分别，但是我们忽略了自心内在的直觉和感受。如果你对心物一元有所体会，能常常超越二元对立的话，那么你生命的质量，反而会更高。

我们的真心本来是清净无染，是没有人我是非，超越二元对立的，如同《六祖坛经》所说："心量广大，犹如虚空，无有边畔，亦无方圆大小，亦非青黄赤白，亦无上下长短，亦无嗔无喜，无是无非，无善无恶，无有头尾，诸佛刹土，尽同虚空。世人妙性本空，无有一法可得，自性真空，亦复如是。"

既然如此，我们在日常生活或是修学佛法的过程中，就应该努力让自己超越二元对立和人我是非。只有这样，你才能获得真正的快乐和究竟的解脱。《楞严经》里论修行佛法的秘诀，从微观的层面来说，就是超越动和静、生和灭等世间有为法的对立，回归本自清净光明的真心，如此经所说："汝但不循动静、合离、恬变、通塞、生灭、明暗，如是十二诸有为相，随拔一根，脱粘内伏，伏归元真，发本明耀；耀性发明，诸余五粘应拔圆脱，不由前尘所起知见，明不循根，寄根明发，由是六根互相为用。"

从宏观的层面来说，则是不造三恶，除断三缘，如经所说："汝但不随分别世间业果、众生三种相续，三缘断故，三因不生，则汝心中演若达多，狂性自歇，歇即菩提，胜净明心，本周法界，不从人得，何藉劬劳肯綮修证？"

那么我们在日常生活中怎么超越二元对立？这在《六祖坛经》里说得更加简洁明了，关键是要做到"常自见己过"和"不见他人过"，如同经文所说："若真修道人，不见世间过。若见他人非，自非却是左。他非我不非，我非自有过。但自却非心，打除烦恼破。憎爱不关心，长伸两脚卧。"

今天给大家对阳明心学做了一个提纲挈领的讲解，希望对大家有所帮助。

第四讲　阳明心学是匡救时弊的心理良药

主讲人：雪亭

　　许嘉璐先生说："阳明心学的作用就在于它是治疗当今社会'癌症'的一剂良药。"因此，通过学习、践行阳明心学，为现代人的心理鼓气、思想赋能，就显得十分重要。

一、应时而兴的阳明心学

　　拿狄更斯的话来说，"今天的社会是最好的时代，也是最坏的时代"，最好的时代是因为有高铁，有互联网，经济非常发达；最坏的时代是因为这个时代很像一位中年妇女，植物神经紊乱，内分泌失调，到了更年期。具体来说，我们这个民族长期以来的文化缺失和信仰缺失导致了一种内分泌紊乱。

　　文化缺失、信仰缺失必然导致一个问题出现：中国人的心理普遍出现一种亚健康。据统计，今天中国人的心理亚健康人群比例达到了70%；焦虑症、抑郁症、人格分裂症患者的临床指标已经达到了19%，也就是一百个人里有十九个人已经是精神病态了。因此，社会的空心人、玻璃人、黑心人、香蕉人也越来越多。

第一种叫"空心人"。他们有房子，有老婆，有车子，有存款，孩子也上大学了。但是你问他，还有精气神吗？把自己的心放在哪里？他无法回答。也就是说，虽然我们解决了物质层面的问题，但是灵魂层面的问题，我们远远没有解决。

我们跟西方人跑了一百五十年，现在突然发现上了西方人的当，被西方人设计了。中国人在用西方人的价值观，用西方人的方式过自己的生活。中国人对自己的文化不自信了。就像电脑软件一样，硬件和软件不配套，导致中国出现了一系列的问题。我们在社会上能够看到大量的"空心人"，他们的心是空的。

第二种叫"玻璃人"。这种"玻璃人"大部分是九零后。他们的父母，经过改革开放后的打拼，为他们囤积了大量的物质财富。但是这些小孩的心理非常脆弱。老师骂他一句，极端一些的就会跳楼；一些孩子到庙里来找心理安慰，但如果和尚指出他的缺点，他下次绝对不来了。

他们希望被忽悠。你骗他，忽悠他，他非常开心；你稍微指出他的缺点，让他改正，他下次绝对不理你了。"玻璃人"比比皆是，这证明我们的心理建构是有问题的。

一言以蔽之，无论出家、在家，无论男女，只要你活在这个世界上，就会有敌人，就会有困难，就会有磨难。人生就像蚯蚓一样曲曲折折，没有任何一个人的生命是一条直线。一条直线的生命，如同直线的脑电波，只有在太平间里能够见到。因此要注意，你们的子女中，有大批的九零后的人是"玻璃人"，经不起一点点的打击，受不起一点点的磨难。

还有一种人叫"黑心人"。他们虽然住洋房，坐洋车，有大量存款，但是为官、做人、做事是不择手段的，是踩在别人的肩膀上去的，是通过整人、害人获得好处的，是丧失了天良的人。我们把这一类人称作"黑心人"。

他们虽然成功了，但心是虚的，是没有安全感、幸福感的。他们不知道什么时候被"双规"，什么时候会得疑难杂症，什么时候被因果惩罚。因此，他们的内心是不温暖的，不踏实的。这种叫"黑心人"。

最后一种叫"香蕉人"。很多父母经过三四十年的打拼，挣了钱以后，动不动就把自己的孩子送到国外去读书。结果，孩子的皮是黄的，心是白的。他们没有"归属感"。我们是炎黄子孙，生活在中国，有自己的饮食习惯、语言和文化，这些在无形当中滋养着我们。这就是"归属感"。老祖宗的文化，包括儒、释、道，是为我们量身定做的。人不能没有归属感。许多移居国外的老华人，他们为什么要重归故里，投身慈善事业？其实，他们做慈善的后面是在寻求生命的归属感。

故土难离。为什么很多人在黄土高坡上生活，没有水，过得很艰苦，却不愿意离开？是归宿感使然。我们湖南人在外面发财了，当大官了，到了老年以后，也要回到自己的故乡，这里是归宿。

一个没有归属感的人，没有归宿感的人，一定是不幸福的。只要是人，必然希望回到自己的家里。假如一个人有了钱之后，离开自己的故乡，抛弃自己的父母，跑到国外去，那么就像一株盛开的鲜花离开了大地，它的生命很快会干枯。

"阳明心学"会告诉我们如何面对自己的困境，面对自己的敌人，面对自己的命运多舛。我们学了"阳明心学"，内心会有一种力量感。内心有力量，就可以对治"玻璃人"。当然，它的心理学上的"立志"也可以对治"空心人"。"致良知"让一个人有道德操守，可以对治"黑心人"。由于阳明心学融合了传统文化儒释道三家的思想精华，学习它就能获得作为中国人的文化归属感，因而是对治"香蕉人"的一剂良药。

二、立志成贤圣

王阳明思想的第一个节点叫"立志"。根据《全集》记载，王阳明曾问塾师曰："天下何事为第一等人？"塾师曰："蒐科高第、显亲扬名如尊公，乃第一等人也。"王阳明吟曰："蒐科高第时时有，岂是人间第一流？"塾师曰："据孺子之见，以何事为第一？"王阳明曰："惟为圣贤方是第一。"可见，王阳明从小就立志要成为圣贤。

佛教说人人皆有佛性，人人皆可成佛。王阳明立志要成为圣贤。其实作为普通的老百姓，我们即使不能够成圣，也可以成为贤者；即使不能够成为贤者，可以成为善人；即使不能够成为善人，通过读书、思考、修行，至少可以成为一个明白人。成功可以有不同的标准，但前提都是要立志。小孩从八岁到十六岁，家里人一定要启发他树立一个人生的标杆，即立志。

可是今天的小孩，立志要考上清华、北大。考上清华、北大，干嘛呢？拿了文凭，以后能找个好工作。找个好工作，以后怎么样呢？能有个好收入。有个好收入，以后怎么样呢？能找个好媳妇，再买个好房子。可见，我们的立志就出了问题！

王阳明在招收学生的时候，把立志的铭文刻在龙场阳明洞的石壁上：我的学生必须要立志。如果学生立志仅仅是为了升官发财，他认为那是不对的。因为人不仅仅是个肉眼凡胎，不仅仅是四大五蕴合成的，人是有灵魂诉求的。一个人如果要像一株大树一样，枝繁叶茂，硕果累累，必须要立大志，根深方能叶茂。

"志当存高远，行不外平实。"虽然我们都是普通的肉眼凡胎，但是立了高妙的"志"以后，在做人、做事、求学的过程当中，就可以屹立不倒。如果一个人的志向非常浅薄，尽是眼前的利益，那么往往会让自己的灵魂受委屈，因为每个人内心深处都有一种生长的力量。

《易经》上说："天行健，君子以自强不息。"不是讲外在的争强好胜，而是要在内心深处把自己的灵魂释放出来，而这必须要通过立志才能实现。仅仅靠那些立足于肉体欲望的想法是不能够实现的。

三、"格物致知"是自我认识的金钥匙

通常以为，"格物"就是观察、了解、分析、判断、总结万事万物后面的道理，就是要了解事物的规律。如果你下过围棋的话，会了解围棋有金角银边。不管你是拿黑子还是拿白子，只要把边、角占住，就占了先机。画画、打球也是如此，它们后面所隐藏的道理是一样的。

王阳明在十六岁的时候，冒着得肺炎的危险，在"格竹

子"。通过竹子这个物象，他要了解事物产生、壮大、消亡的规律。当然，用西方的语境讲"格物致知"不如佛教来得直接。因此，我经常单刀直入地把"格物"两个字讲成"参悟"。参悟人生，参悟宇宙，参悟我们身边的万事万物，从而获得自己内心的觉悟。

而朱熹的"格物致知"是要在人心以外，像西方的哲学和科学一样，找到万事万物的规律、道理，然后让自己看得很明白，活得很明白。他是透过万事万物找后面的理。这就引起了王阳明的怀疑。王阳明认为：把外部世界搞得再明白，也无助于认识自己。道理非常简单，就像我们今天的医学，弄一个尸体在那里解剖，无法理解他在世时的所思所想。一个活生生的雪亭和躺在太平间的雪亭能一样吗？

这样一来，王阳明在"格物致知"上对朱熹有疑问了。然后经过大量的阅读经典，拜访高僧、高道，到龙场后又每天在"玩易窝"里研究《易经》，在岩洞里参禅打坐。突然有一天，他兴奋地跳起来，心有所悟地说："吾独得孔孟一滴骨血。"意思就是说，从孔子创立儒教，孟子发扬光大后，其他人得到的是经书，是功业，是学说，而我王阳明以心印心，独得一滴骨血。

我经常问一些儒者：王阳明在龙场悟道的时候为什么说"吾独得孔孟一滴骨血"？王阳明在龙场悟道以后，兴高采烈，因为他找到了自己的良知。这良知不是接受教育来的，不是从书上看来的，而是受尽了磨难，往内心参悟而得来的。

总而言之，王阳明和朱熹在这里有区别。朱熹的"格物致知"是要在外面找道，心外事物的道；而王阳明是通过"格物致知"找到自己的良知。一个是向外的，一个是向内的。所有的西方哲学都是往外追寻的，而中国的优秀传统文化是内求内证的。这是一个很精微的分野。

"致"是到达，只有行动才能够到达。"致"的左边是"至"，右边是拿来牧羊的鞭子，心里要想，身体要去行动，才能够"致知"。而这里的"知"有两层意思，需要全部领会才是对的。其中，最浅表的是西方语境讲的知识。

"格物致知"的"知"，其第二层意思应该是"智"。在古代的时候，"知"和"智"是通假字。如果你去游山玩水，在山石上可以看到"知者乐水，仁者乐山"。上面刻的不是"智"，而是"知"。为什么古人会写错别字呢？原来在古代"知"和"智"是通假字。

"格物致知"不仅是获得知识，更重要的是要获得事物全方位的、最本质的东西，是和心相应的"智"。关于动物的知识、植物的知识、矿物的知识等等，只要勤奋点，脑子活一点，是很容易掌握的；但是要做到"致知"，就很难了。

"智"的本质是什么？这个"智"是相对"愚昧"来讲的。

一般人很愚昧，智者觉解后，可以给他们讲很多宇宙人生的道理，让他们活得有意义。因为有"愚蠢"才有"智慧"，有"迷"才有"悟"，有"黑"才有"白"，这是"二元对立"。

"智"的本质是"道"。在传统文化的语境当中，当我们讲到"智"的时候，背后隐藏的是"道"。只有悟了道的人，明白了人生和宇宙实相的人，不被人间所有的名利所困扰污染的人，像老子、庄子、孔子、孟子、释迦牟尼这些人，才拥有大智慧。

"智"是用来干嘛的呢？"智"不是用来玩权力的，不是用来挣钱的，也不是用来泡妞的，"智"所对应的境界是"道"。"智"的真正的功能是让人觉悟。人来到世界上，何以为人？要发挥人的心灵的最高价值，因此才有了"智"这个字。我们古代人在对"道"的认知和发挥上，已经是淋漓尽致了。

孔孟时代的儒学是原始儒学；从孔孟一直到宋明理学的创始人周敦颐，我们把这一阶段的儒学叫作发展中的儒学；周敦颐至王阳明的儒学被称作新儒学，它是复合型儒学。

为什么称其为复合型儒学？简单地告诉大家，从周敦颐一直到王阳明，整个宋明理学，它是儒学、道学、佛学的有机融合。也就是说，今天学习儒学、道学、佛学，可以通过学习"阳明心学"走捷径，做到直取！

如果要学习道学的话，你可能牙齿都掉光了，还没研究明白；如果要学习儒学的话，你可能成了个书虫，也未必能把儒学研究明白；如果要学习佛学的话，同样也是这样。但是"阳明心学"把儒、释、道最精华的部分进行了萃取，我们可以通过学习它直取三家精华。

四、真三不朽

王阳明为什么被称为"真三不朽"？他撰写的文章、树立的德行和建立的功业是板上钉钉的，是有目之人都可以看得见的。他不但道德好，功业好，而且著书立说也好，因此被称为"真三不朽"。评价他为"真三不朽"的人，是明朝的大儒、名臣王士祯。

第一是立言。除了他的弟子整理的《阳明全集》以外，如果大家对"阳明心学"感兴趣的话，一定要好好地看《传习录》。《传习录》不但是他对自己心学思想的全面阐述，而且对过去的"四书五经"做了标新立异的诠释。

第二是立德。王阳明超越了是非、善恶，超越了二元对立，他的道德境界是很高的。太监刘瑾想把皇帝架空，他要敛财，要弄权。因此，当时的儒士就直谏。直谏的人有被流放的，有被杀头的，刘瑾当时迫害了很多儒士。王阳明被打了40棍，然后皇上批了奏折，让他到龙场九驿这个地方去服刑。我们现在叫劳教或者流放。他必须去，不去就违背了皇上的旨意。在去的过程当中，因为生死未卜，阳明先回老家告别亲人。他很快就发现刘瑾派了四个彪形大汉在追杀他，于是躲到了杭州的火神庙。王阳明到了火神庙之后，一位老道在他手上写了两个字：装死。他一看就明白了，不敢在火神庙待久了，就继续逃。逃到了钱塘江边，他陆续扔掉鞋子，扔掉衣服，到最后把官帽一扔，光着身子躲在芦苇荡里面。那些追他的人以为他跳江了，然后把他的衣服、帽子一收，到刘瑾那儿领赏去了。他装死躲过了一劫。

王阳明本来是想取道湖南直接去贵州龙场的，但是他不敢。因为一旦发现他的踪影，刘瑾一定会派人继续追杀他。阳明就绕道去了福建。从福建绕了一大圈，然后走了很久，才到龙场。但是我们在《王阳明全集》里面没有看到王阳明讲刘瑾半句坏话。这说明王阳明超越了二元对立，他觉悟后心灵的境界是很高的。

这对我们现代人的启发是：如果总是揪着对方的缺点不放，在长短、是非、善恶这些里面纠缠，那么一定是你的心灵出了问题。一个很超然的人，他的生命状态是平和的；他去做事，绝对不会掉进二元对立当中。现在有太多的中国人，由于传统文化的缺失、信仰的缺失，人生的品味不高，掉到了二元对立当中。

他的立功体现在，用了四十三天就平定了宁王之乱，还平定了江西和两广的叛乱，为大明王朝的长治久安立下了汗马功劳。

五、对知行关系的历史探索

关于历史上对知行关系的探索，我给大家做一个简单的梳理。在上古时代没有"知行关系"这个说法。当时治理国家的人——传说中的"三皇五帝"，他们是人神共体的，他们的精神世界是内圣外王的，没有丝毫的私欲。他可以把王位传给一个与自己不相干的人，只要这个人是优秀的。在此时不存在"知行关系"的问题，因为在那个时代的"三皇五帝"，作为在人间的"神"，他们就是道的实践者和道的载体。

到了春秋战国，孔子认为：知"道"很难，行"道"易。那时百花齐放，百家争鸣，各种学说纷纷建立起来了。学过《道德经》的人能够理解，"道可道，非常道"，只要开口说话，就会产生错误。《道德经》上说"知者不言，言者不知"。人们成天在这里说来说去，你真的知道吗？知道什么呀？

到了唐宋时期，知"道"是比较容易的，做起来是很难的。如果有慧根，念两遍《金刚经》，就知"道"了。但是去做的话，就非常难了。对于这种观点，阳明进一步追问：脱离行的知，是真正的知吗？

在他看来,知"道"是很难的。不是说,今天读了一本书,念了两遍《金刚经》,就能够知"道"了。古代的人在讲知"道"的时候,是指心中真实地拥有"道",从此以后不再疑惑,做事的时候脚踏实地、单刀直入。不会像现在人,学了一套理论以后,拿这个去忽悠别人,自己却不干。在"知行合一"当中,知"道"是很难的。

到了明末清初,湖南出了一个王船山,即王夫之,他主张"实知实行"。不但要把道理悟得很透,真正知道,而且做的时候也要做得很地道,这样的人才是"实知实行"。

六、"知行合一"的内涵和价值

我们把历史上的知行关系梳理清楚之后,再进一步分析王阳明的"知行合一"在说什么。王阳明的"知行合一"和以往的论点有什么不同?确实不一样。王阳明在《传习录》当中有两句话解释了"知行合一"。

第一,"知是行之始,行是知之成。"当你起心动念,其实行动已经开始了。比如王健林说我定个小目标,先挣一个亿吧,这是他的一个想法。他的这个想法在他那样具有能力的财团来说,要去落实是很容易的。

"知"和"行",像手心和手背,它们是高度统一的。为什么说高度统一呢？道理非常简单，因为人是心灵性动物，人不是狗。你给狗扔根骨头，它就来了；你打它，它就跑了；你再扔根骨头，它又来了。但人不会，没有哪一个人受了一次挫折，被人打击了一次，下次还会犯同样的错误。所以说人是心灵性动物，完全可以做到"知行合一"。

第二，"知是行的主意，行是知的工夫。"为什么这样去做呢？是因为心给你做了主，而行是知的外在体现，也就是知的事上磨的工夫。

第三，"知行合于道"。我从更广泛的儒学、佛学的背景下总结了这样一句话：最高端的"知"指向"道"，最彻底、最圆满的"行"也指向"道"。"知"也在道上，"行"也在道上，所以在道的层面上来说，"知行"是高度统一的。

如果你在"知"的地方不够圆满，那么在"行"的时候，也是会有差池的。有很多的修行人，在庙里持戒可能很清净，念经念得很好，一走出庙门，全傻了。为什么呢？他的心里还有挂碍，还有边界，不能够做到"知行合一"。因此，王阳明心学的"事上磨"就变得很重要。一般的人是要通过锻炼，通过社会实践，努力地去做到"知行合一"的。

总而言之，王阳明的"知行合一"不但符合佛学，也符合孔孟之学。"知行合一"在中国的文化史和思想史上贡献非常大。它成为中国人都很认同的一种理论，或者说一种标的，不管是企业还是个人都要"知行合一"。这对我们的教育的启发也是很大的。

七、"致良知"与"四句教"

"致良知"的"致"就是实践、执行、到达。关于"良知"，首先大家要纠正一个错误的认识："良知"就是人性本善。这个错误一直写在我们的教科书里面，甚至我们大家现在还这样想。这个想法是不对的！当我们探讨"人性本善"的时候，已经是意之动了，已经起心动念，二元对立了。

王阳明讲的"致良知"的这个"良"，大家要注意，是生命本有的、当下的、自然的一种良好的状态，不是善恶之分的那个"良"。这个"良"是本有的状态。从佛学的角度来说，六祖惠能说的"何期自性，本自清净；何期自性，本不生灭；何期自性，本自具足；何期自性，本无动摇；何期自性，能生万法"，讲的是心的本来的状态。

王阳明在龙场悟道以后，找到了自己的"良知"即心的原本的状态。《中庸》里说"率性之谓道"。比如小孩子，光着屁股，想拉就拉，想尿就尿，要吃奶了他就哭，吃饱了他就睡，那个就叫"率真"。当然那个"率真"还没有达到"道"的状态，因为他毕竟有染污了，是父母交媾来的嘛。但是相比我们来说，要率真得多。我们为什么会喜欢小孩子？喜欢他这样一种没有遮掩、天真无邪的"率真"，其实是我们对"道"的一个欣赏。小孩子有"道"的率真，他的美感是天然的。

王阳明在解释"致良知"时有非常重要的"四句教"——"无善无恶心之体，有善有恶意之动，知善知恶是良知，为善去恶是格物"。第一句"无善无恶心之体"是最深奥的，在佛教里只有开悟了的人才能说得清楚，佛、菩萨之间才讲得最清楚。我们来讲的话，确实是勉为其难，辞不达意。

这句"无善无恶心之体"和六祖大师的"何期自性，本自清净"，和佛教讲的"明心见性"——悟到的人生与宇宙的本体，在内核上完全是贯通的，说的是一码事。都是在说：我们来到人间，就有一颗光明的心、柔软的心、清净的心，像镜子一样，像泉水一样不被污染的心。

现在可能会有人问：人为什么会有丑恶的言行？王阳明讲的是很简单的：被私欲遮蔽。不需要发挥得再多，之所以愚蠢，之所以丑恶，就是因为私欲遮蔽了你的真心，并不是你原来就有这么傻，这么笨，这么恶。蹲在监狱里的人生下来这么恶吗？是他的鼻子恶，还是他的手恶，腿恶啊？实际上是他的心理出现了问题，他自己不知道，盲目地做了错事，所以进到监狱里面，被别人去管教，仅此而已。

人人皆可成为圣贤，人人皆可学习圣贤。比如说，倒了一杯水，我在里面放茶叶，它就是茶的味道；我在里面放糖，它就是糖的味道；我在里面放药，它就是药的味道。水性变了没有？水性是没有变的，与之类似，人的本性也没有变化，它是无善无恶的。

因此在佛教禅宗里面，经常用镜子来比喻我们的心。神秀说："身是菩提树，心如明镜台。时时勤拂拭，莫使惹尘埃。"实际上就是强调了"格物致知"的工夫。如果不断地把自己的私欲擦掉，那么你当下生命的状态是非常好的。

"致良知"的第一点是"无善无恶心之体"。大家要静下心来，不断地参悟：为什么说"无善无恶心之体"？把这句话悟透以后，我们在做人做事的时候，就可以破除我执和我见。

不要把人和事看成僵死的。一个人在三年前很坏，三年后有可能变成好人。经常有人"放下屠刀，立地成佛"，经常有十恶不赦的人信了佛以后变得非常好。我身边就有好几位，他们原来是混黑社会的，干了很多坏事，皈依我以后，三年就变好了。他们作恶很彻底，行善也很彻底。

第二句话讲："有善有恶意之动"。我的心体是如如不动的，是如来性、真如性海。我现在开始讲话，心海就泛起了浪花，这就是"有善有恶意之动"。当起心动念的时候，就开始分别善恶了。

第三句话"知善知恶是良知"，这对大家最有帮助。你能够知道善恶的那个心体是良知。比如我现在手里拿一面镜子。它对着女的照，里面出现的是女的；它对着男的照，里面出现的就是男的。我们的心像一面镜子，能够映照山河大地。为了明白自己的心体，在佛教里面有个工夫，叫"看念头"。因为大家都不是圣人，在社会上染污了很多的习气。抽烟、喝酒、嚼槟榔，吃喝嫖赌，样样都干，染上了很多的习气。

佛教里面有个工夫：不怕念起，只怕觉迟。不怕某个念头起来。念头起来了，一觉照，它自己就消灭了，而不是逼着自己坐在这里，让心中别起念头。经常有人问我："师父，我怎么坐在那里不起念头？"我说木头和石头不起念头，你是人，怎么能不起念头呢？即便强行压制，也会起念头，而且是众念纷纭，泥沙俱下，如瀑布的流水。当夜深人静时，难免沉渣泛起，连过去的陈芝麻、烂谷子都会出来。就像舀了一瓢黄河的水，不放上三天三夜，它怎么能够变清呢？它不可能变清。

所以说澄心是需要时间，需要工夫的，不是一蹴而就的。不是说你学了"阳明心学"以后，立马心明眼亮，走出去像个圣人，头上冒着光，屁股下坐着莲花。不是那样的，一定需要一个漫长的打磨的工夫，才会慢慢地不执着名利、不分别善恶，彻底把自己的心灵解放出来。

有些人站在讲台上会发抖，为什么？他心里有个"我"，担心讲错了怎么办。有一个"我"，就会发抖。那些英雄赴汤蹈火，去堵枪眼，为什么不怕死？他无"我"。当然那是极端的案例。我想：你无"我"，和天地是相通的；你有"我"，必然会顾虑重重。这在生活当中随处可见，所以说"知善知恶是良知"。

第四句话："为善去恶是格物"。王阳明讲的"格物"是格除内心的私欲。王阳明讲了很多的话，他讲本体，讲明心见性，讲"致良知"，但最重要的话是格除自己内心的私欲。只有把自己内心的私欲和妄念格除掉以后，生命的光辉才能完全地释放出来。

我经常讲："人是宇宙的发生器，也是宇宙的接收器。"今天大家坐在这里，当下就是光明、清净、自在的。人和宇宙是同构的，即：心身同构、家国同构、天人合一。体认你的内心，就可以把握这三个层面，三个维度，而不是往外去追求事物的原理。生命当下内证的状态是非常重要的。抓住了这点，人所有的心理疾病就被消除了。

从这个意义上来讲，"阳明心学"不但是治疗当今社会"癌症"的一剂良药，也是治疗现代人精神疾病的一剂良药。学了"阳明心学"以后，你就可以坚不可摧。

八、答疑解惑

听　众：古圣先贤，包括老子、孔子、孟子，还有佛家的释迦牟尼等，基本上都在同一时期，达到一个很高的高度。为什么后面的人好像没有达到更高的高度？

雪　亭：你的问题可以在一本书里找到答案，书的名字叫《历史的起源与目标》。雅斯贝尔斯称公元前后500年为轴心时代，当时世界上出现了十大思想家，其中就有苏格拉底、柏拉图、孔子、孟子、穆罕默德等。

孔子被誉为轴中之轴。为什么评价这么高呢？因为孔子的学说，对内，把我们的心说得非常透彻；对外，所建立家国的道德伦理架构，也是非常完备的。就是今天在全世界推行孔子的思想，都不为过。只要有人的地方，仁义礼智信都是不可缺少的。孔子的思想非常温暖，非常符合天道，很高明，又具有可操作性。

为什么公元前后500年会出现这么多的圣人？对此，有几种学说。有一种认为人类现在所处的这个时代是第四次文明，一个文明的周期是很长的，而在上一个文明将要灭亡的时候，古人留下了思想和文化的火种。

这个可能要看他们的传记。比如说孔子的母亲在怀孔子的时候，梦到麒麟送书。王阳明出生的时候，他的祖母就梦到有一位仙人，抱着小孩来到他们家里，因此他幼时叫王云。但是阳明到了五岁还不会说话。后来一个和尚将他改名为王守仁后，他才开始说话。从更广袤的宇宙空间来说，世界的文明是不断更新的，我们现在处在第四个文明期。

　　还有一种说法，整个人类历史是一个积累的过程。人类的物质文明和精神文明积累到一定的程度之后，在世界范围内有一个全面的泛滥期或爆发期。以孔子为例，正因为当时百花齐放，百家争鸣，孔子在这样一种开放的、可以自由发挥的时代才能成为圣之大者。学术繁荣需要一定的环境和土壤。人类的思想需要自由的空间，信仰应当像做梦一样自由。

　　身体可以受到法律的约束、道德的约束、经济的约束、交通工具的约束，但是心灵一定要自由。如果心灵不自由了，那么人就没有意义。所以说，信仰自由的含义是很深刻的。

　　近代以来，人们对轴心时代的文明逐渐疏离。从工业革命，资本主义兴起以后，人类对外在功利的追求一直加快了速度，反而对自己心灵的层面越来越忽略了。

　　为了把这点讲清楚，我们来谈一下苏格拉底。苏格拉底被人诬告误导雅典青年，被判了死刑。他在监狱的时候不断地有人去拜访他、看望他，包括那个看守监狱的人都被他感动了。最后让他喝毒酒的时候，苏格拉底非常坦然。他问监狱的人："你不用发抖，你是不是准备好毒酒，要让我喝了？怎样能死得更快？"看守监狱的人就说："你喝下去，在监狱里踱步，觉得困了，睡着了，就死了。"这段事迹在历史上记载得很清楚，苏格拉底是关注灵魂的人，他认为死亡不过是换件衣服，对自己的死亡没有丝毫恐惧。

王阳明在临死的时候写下"此心光明，亦复何言"。他说"五十不为夭"，因为在古代，活到五十岁，该"当爷爷"就"当爷爷"了，要"功成名就"就"功成名就"了。如果活到五十岁都没成名，那么最好回去研究《易经》，不要在社会上混了。

孔子五十以学《易》。他周游列国以后，回到鲁国研究《易经》，并且非常痴迷，"卧则在床，行则在侧，韦编三绝"，以致简册的绳子都断了三次。下了这样的工夫后，孔子知道了天命，对自己说："时也，运也，命也！"

今天的人为什么有这么多的苦恼？第一，是因为我们不知命，不能够超越生死，不知道灵魂在何处安放。当你不知道自己命运的时候，当然充满了困顿和苦恼。孔子为什么对《易经》感兴趣呢？困而演《易》。古人在人生困顿的时候都想通过玩占，借鉴《周易》的智慧，来了解自己的出路在哪里。

听　众：我在听您讲的时候突然有个奇怪的想法。是不是正如他们刚才讲的，"起点即巅峰"？在上古三代，人们处在一种很高尚的层次，身心是一体的。

雪　亭：佛家经典《华严经》认为一即一切，一切即一；并提出四种不同的法界：理无碍，事无碍，事事无碍，理事无碍。

在高速发展的科技和物质文明面前，我认为人类如果能够遵循古圣先贤的教诲，那么今天的互联网和物联网，足可以向我们展示更美好的前景，人的私欲也很快会土崩瓦解。我在前面对此有所涉及，但并没有把这个讲透，下面我给大家再讲两点。

虽然有核战威胁、宗教争端还有国家之间的战争，但人类社会不需要悲观。为什么这样说呢？一个是文化的回归，会让我们不断地去继承和学习古圣贤的一些优秀的思想。另一方面，现实世界会迫使人们转变。在今天，每一个人都几乎没有自己的私密了。学过互联网的人就会懂，没有私密了，这要求我们尽量不要干坏事。干了坏事，天网恢恢，疏而不漏，你无处可逃。比如你信用不良，出行都可能会被限制，诸如此类。在信息时代，这是很容易操作的。大概到2025年，人类会进入智能化时代，知识和智能是人人都可以共享的。到那时，人的最高价值是情商。当你通过学习优秀的传统文化或者宗教关怀，有了情商的时候才会立于不败之地。

什么是情商？大概就是爱、善、坚持和面对，诸如此类的都属于情商，不属于知识和智商的范畴。情商优秀的人，在新的时代就会脱颖而出。

第二个要点就是创新。无论是个人或者是宗教、教育、医院、企业，创新都是永恒的生命。有人说二十一世纪后半叶是诗人的世界，因为诗人很浪漫，会创新！但是一个人要创新是很难的，在我看来，大家的思想都是有边界的。即使你给自己贴了太多的标签，给自己裹了太多的包装，但只要你开口说话，我就知道你的边界在哪里。我们有太多的标签、包装了，只有突破边界，才能真正创新。

最后一个要点，我们的这个世界会进入设计的时代。大数据和智能化，从一个茶杯到一间房子，乃至到人生都是一种设计。总而言之，情商、创新、设计是未来的前景。

第五讲　阳明心学是学习传统文化的最佳抓手

主讲：雪亭

阳明心学，尤其是"格物致知"的方法论，"知行合一"的实践论，"致良知"的心性学说，对现代人而言意义重大，它是学习优秀传统文化最有力的"抓手"，也是我们现实生活的"强心针"。

一、三立是人学

传统文化的框架大体由儒释道三家，外加医学和武术构成。在历史的长河里，儒释道三家成为中华民族传统文化的重要内容。我们今天学习传统文化，不管是从道家、儒家还是佛家入手，最终都少不了这四个字——安身立命。

先简单地解释一下安身立命。安身就是大家平时耳熟能详的物质生活，我们要有房子住，要有衣服穿，要有好的社会秩序和社会制度，这都属于安身的范围。

提到立命，我们首先会想到儒家倡导的人生"三立"——立德、立功、立言。在儒家的思想文化中，一个人在一生当中，不管寿命长短，穷通祸福，只有立德、立功、立言，才能体现其最高的价值。如果我们富裕起来了，能够按照立德、立功、立言这样的目标去发展自己，不但对自己和家人好，对社会也好。也就是说，你这样去想，这样去做，当下就是幸福的，是有价值的。因此，所谓"立命"可以理解为立德、立功、立言。

讲到立德的时候，我最愿意把明朝王阳明的思想介绍给大家。从表面上看，以王阳明为代表的心学很玄奥、抽象，实际上其最大的优势，就是结合了儒释道三家的思想，令我们今天的人，尤其是在座的各位企业家，听了就能懂，学了就能会，回家就能用。它是经世致用的。你如果去学孔子的东西，需要一个吸收、消化的过程，而且进入社会实践的时候也需要"抓手"。孔子的道理讲得很好，但是你在社会实践的时候如果没有"抓手"，找不到节点，就没有用处。

道家的东西也很好，但除非你用二三十年的工夫，掌握了它的思想，然后用它来修身养性，要不然，你也找不到"抓手"。佛教的东西，小到微尘，大到大千世界，包括我们的心性及整个社会，它都讲到了。但很多人信佛十年、二十年，依然是一头雾水。也就是说，他在社会实践中也找不到"抓手"。

二、格物致知与明心见性

阳明心学融合了儒释道三家的思想，有几个节点。第一个就是"格物致知"。什么叫"格物致知"？你知不知道它的思想内涵？我们一般人是不知道的。"格物致知"，一言以蔽之，它骨髓里的东西就是佛教里说的明心见性。

从文字入手，首先要理解致知。"致"是到达，"知"和智慧的"智"是通假字，所以它是"致智"。为什么要"格物致知"呢？这就和道家、禅宗有关了。佛法告诉我们，触目即真。我们看到的人、物、花草树木、山河大地，都是一种现象，但在现象后面有一个本质的东西。凡夫俗子总是被现象和假象所迷惑，不能透过现象看本质。致知的"知"是和道相通的，与道相通的人才能够"致知"。

王阳明在十六岁时接受了朱熹的思想，看到他家院子里的竹子，于是就格竹。这就像和尚参禅一样，看一朵莲花，要悟到莲花后面与道连接的东西。他为了格竹子，苦心极力，结果病倒，他由此怀疑朱熹的"格物致知"是不是一个正确的方法。后来，在他三十岁左右时，进入朝廷做事，却受到宦官刘瑾的迫害，被流放到贵州龙场。龙场的环境是极其艰苦的，要和野蛮人打交道。他住的房子都是漏雨的，要窝着身子才能进去。

为什么要给大家讲这一段呢？我们现在的人都很贪图享受，

但是从担当使命的角度来讲，从一个人开悟的角度来讲，必须要历经磨难。不历经磨难，就不能获得"真知"。你对人生的了解和对宇宙的领悟会很肤浅，就像蜻蜓点水一样。

三、"岩中花树"与"心物一元"

根据《传习录》的记载："先生游南镇，一友指岩中花树问曰：天下无心外之物，如此花树在深山中自开自落，于我心亦何相关？先生曰：你未看此花时，此花与汝心同归于寂。你来看此花时，则此花颜色一时明白起来，便知此花不在你心外。"

它的大意是，有一天，王阳明领着他的学生上山。在上山的路上，他们看到山崖上的杜鹃花开得非常绚烂，他的学生就诘问王阳明："你曾说心为万法之王，一切都是心法；心悟之后，一切皆通。但是在我和老师没有来之前，花就在悬崖上开着，而且开得很绚烂。它本来就是存在的，你怎么能够说它是我们心中的东西呢？"

王阳明就回答他道："你要牢牢地记住并且去参悟：你与我没有看这个花的时候，花与心俱寂，花是寂的，心也是寂的。当我们看到花的时候，花与心亦同时明了起来。"我们的心就像一面镜子，心物相交的那一瞬间，花的影子就投到心里面去了；这时候，我们的心和物就有了交涉。

心物问题为什么值得大家思考？因为它涉及宇宙的起源，涉及我们的心先于物存在，还是物先于心而存在。从这个事例中得到的答案就是心物一元。如果要我给当今社会下一个结论，就是"事成了，人败了"。很多人把事业做得很辉煌，有豪车、豪宅，坐拥千万，但他的心永远是不安的。回到我前面讲的话，这是因为他没有安身立命，没有回应自己心的诉求，与自己的心没有真正和解。

四、"致良知"与"本自具足"

关于"致良知"，有人说："人是后天教育来的，多受教育，多读书，就会发现自己的良心。"王阳明不这么认为，他说："心自然会知，见父自然知孝，见兄自然知弟，见孺子入井自然知恻隐，此便是良知，不假外求。"又说："夫良知者即所谓是非之心，人皆有之，不待学而有，不待虑而得者也。"

他说，人的良知是天生的。有些学生怀疑他的这一观点：人的良知怎么是天生的呢？人受过教育，肯定会走向文明；不受教育，肯定是愚昧的。

王阳明为了证明他的观点，在一个聋哑人的手心里写了个"孝"字，这个聋哑人连连点头。聋哑人虽然听不见，也不能说，但他却知道孝。后来他又找到一个盲人，在他手上写了个

"道"字，这个盲人也连连点头。诀窍在哪里呢？我们的良知和文化教育没有关系，文化教育只是让这粒种子发芽、成长的条件。也就是说，人人皆有良知，这相当于佛门里头说的"人人皆有佛性"。

五、"四句教"与心体

如果大家还听不懂的话，请记住这四句话：无善无恶心之体，有善有恶意之动，知善知恶是良知，为善去恶是格物。

"无善无恶心之体"，王阳明自己对于"无善无恶心之体"有具体的解释，即"人心本体原是明莹无滞的，原是个未发之中"。

《年谱》对此有更为详细的解释："有只是你自有，良知本体原来无有，本体只是太虚，太虚之中，日月星辰、雨露风霜、阴霾噎气，何物不有？而又何一物得为太虚之障？人心本体亦复如是，太虚无形，一过而化，亦何费纤毫气力！"

就是说我们在天地间诞生以来，我们的心体就像虚空一样，是无所滞碍的，它没有善和恶。善和恶是道德判断的结果，是二元对立的结果。有善就有恶，有黑就有白，有长就有短，有方就有圆，有男就有女，有对就有错，我们永远是在二元对立之中的。而我们心后藏的那个心体是虚明的，一般人找不到自己的真心，只有悟了道的人才能找到自己的真心。很多人看到美女、金钱、官位，产生欲望，就以为这个是真心。其实那都是假的，真心永远藏在我们意识后面，它是无善无恶的。

"知善知恶是良知"。王阳明说："尔那一点良知，是尔自家底准则。尔意念着处，他是便知是，非便知非，更瞒他一些不得。"

因此，人并不需要到外部去寻找善恶是非的准则，这个准则是每个人所固有的、完全相同的。如果国家没有法律，社会没有伦理，你也没有任何宗教信仰，难道你就不能知善知恶吗？你在食品里放添加剂，为谋取暴利不择手段，为了升官发财踩着别人的肩膀上去，你难道不知道错吗？你是知道的，你的第一念一定是知道的，只不过被欲望和利益牵引，装作不知道。

比如前面讲到的：有一个老人摔倒在地上，我们的第一个念头就是赶快把他扶起来，这是我们的良知。但我们马上冒出第二个念头：扶不扶？万一被他讹住了，怎么办？这第二个念头就弄假成真了，所以佛叫他的弟子们守住初心。

在今天的这个社会，拿狄更斯的话来说，这是一个最好的时代，也是一个最坏的时代。说它是最好的时代，因为有互联网，有高铁，大家不缺吃少穿；说它是最坏的时代，因为人们的评价标准混乱、功利，守不住自己的真心。因此，我们今天了解王阳明的"致良知"，是很有价值的。

六、"知行合一"与"心行一致"

王阳明思想的另一个节点叫"知行合一"。我们先从社会理论讲起。我们所学习的辩证法，主张从实践到理论，从理论到实践，循环往复，螺旋式上升。

儒家讲什么呢？儒家讲"知行合一"。传统儒家讲的"知行合一"和王阳明讲的"知行合一"，在精微的地方略有出入。按照孔子的意思，如果你是学生，就好好学习，学好了以后，走到社会上再从事社会实践；但是在王阳明这里不是这样。

王阳明与徐爱论知行时指出："知是行之始，行是知之成。若会得时，只说一个知，已自有行在；只说一个行，已自有知在。"

这是从动态的过程来说明知行之间相互联系、相互包含的意义。从意识活动是外部行为的开始这一点说，意识或思想是行为过程的第一阶段，因而也可以说就是行。行为是思想的实现，因此也可以看作整个知识过程的终结，因而从这点说，它也就是知。

"知是行之始"。因为每个人都有悟性，心中都有光明，就像一面镜子，映照万物，所以能够学得进去，学得懂，学得通。

人的行为终归导源于既有观念，因此可以说知识是"行动的开始"。按照佛法因果来讲，起心动念就是一个因。

"行是知之成"。当你的一个念头、一个观念，付之于社会行动的时候，结果已经产生了。不管是从教育心理学、社会心理学，还是从犯罪心理学来讲，我们都会发现，一旦某种社会行为产生了，再去管理就晚了。

王阳明给我们的启发是什么呢？管理，即治家、治国莫过于治心。如果没有"致良知""知行合一"这样一种心性上的工夫，所有的伦理、文化、法律，都将成为水上的浮萍，给人的永远是外在的约束，是一种强制，我们的生命也不会达到一种较高的自觉状态。所以王阳明心学的精微部分是非常耐人寻味的。

七、死亡是换件衣服

王阳明只活了五十七岁，他在死的时候留下八个字——"此心光明，亦复何言"。我们今天哪一个人，在死的时候可以无愧于天地地说："此心光明，亦复何言？""此心光明"就是明心见性，生从何处来，死到何处去，我对得起自己。我们一般人做不到，如果和他相比，我们是在糊糊涂涂过日子。

王阳明对于生死问题还有一个看法，他认为一个人如果

"明了此心"，死亡就像脱一件衣服一样，换件衣服，可以再来。我们今天的人容易得癌症，得疑难杂症，往往一有病就会想到死，非常贪生怕死。

古人对待生死问题有两个观点。首先，他们认为活着是一种偶然，死亡是一种必然。我们也不必惧怕死亡，因为整个宇宙间有形无形的生命，没有一个不归于寂灭，所以贪生怕死是没有必要的，只会给自己造成心理负担。其次，如果你的生命没有深度，就算活了一百岁、一百二十岁，它的价值和意义又何在呢？这就是古人对待生和死的看法，非常坦然。

讲到这个地方，我不得不提出另一个观点。我们的生活分成两部分：一部分包括工作劳动、买房买车、娶妻生子，等等，从世俗的层面讲，这叫延续香火，不过是俗人的生活。另一部分，在儒释道中，包括很多居士心中，认为我们的生命是道器，是要修道的。人和猪马牛羊最本质的区别是，我们的身体可以修道，可以悟道。

要是论跑得快，你跑不过狼；要是论牙齿锋利，你比不过狗；论生存能力，你也比不过蟑螂。我们和这些动物的区别在哪里？在于明理。明理有什么好处呢？明理可以超越生命，知道自己当下的意义，知道自己死了以后到哪里去，这就是修道的全部意义和价值。在道家来看，我们的身体是一个炼丹的丹炉。

现代人的内心焦虑不安。焦虑不安，是因为我们在追逐名利、物欲、色欲，成败之间，把自己当成了一个工具。我们并没有听到自己心灵的呼唤，不知道自己的内心需要什么。换一种说法，有些人不适合经商，有些人不适合当官，有些人不适合出家，有些人不适合做学问，都不要去勉强，你要找准自己的位置。

今天在这个很短的时间内，我把王阳明心学推荐给大家。它集合了儒释道三家的精华，而且可以学以致用。希望中国的企业家，在这个激荡的社会当中，不要随波逐流，能够找到自己安身立命的办法。

第六讲　阳明心学萃取儒释道精华

主讲人：雪亭

　　系统深入地学习儒释道三家的文化，不难发现，在"心""道""道法""本体""工夫""境界"等核心概念的探求与用法上，三家是高度一致的，可以互参互学。早在唐宋时期，它们就在不断地融合互补。但时至今日，人们还是不能从中萃取其精华，而以"我执""法执"的心态影响对优秀传统文化的吸收和消化。在这方面，王阳明本人的学习、修持为我们提供了有益的借鉴。

　　我为什么对"阳明心学"感兴趣呢？其实我的这个"兴趣"已经有十多年了。一个主要的原因就是：你如果去学道，那些艰涩的文本，那些繁琐的宗教仪规，你很难抓到要点。你如果去学佛，也是同样的，很多佛经连标点符号都没有，而且是文言文。它的教义博大又精深，作为一般智力和学历的人，要想真正全面地了解佛学也是不容易的。更何况在市场经济的冲击下，我们也静不下心来去研究佛学。今天，我们国家弘扬优秀传统文化，大家选择学儒学。儒学的典籍也浩如烟海，作为一个普通智力和学历的人，你去学儒学，也很难得其要领。

但是这里面有一个诀窍，那就是"阳明心学"，它集"儒释道"三家的精华于一身。不管是儒学、道学，还是佛学，都以修心为本。离开我们的心，宗教将失去它所有的意义；宗教的全部意义就在于安顿人心。因此，王阳明的学说，我们现在把它简称为"心学"，确实萃取了传统文化的精华。

今天的人学"阳明心学"，到底因为什么？"阳明心学"是打开传统文化的一把金钥匙。如果你学懂了"阳明心学"，那就可以直取中国优秀传统文化的精华。正因为如此，从中央到地方都在弘扬"阳明心学"。

一、宋明理学兴起的原因

佛教从汉代传入中国，一直到大唐帝国，翻译佛经、建道场、弘法，极为兴盛。中国传统的文化，也就是儒学，被挤压到一个角落。这是很多的大儒非常不愿意看到的一种文化面貌。因此从唐末开始，就不断地有大儒在寻求儒家的出路。

这种不断的寻求、酝酿，从什么时候开始有了方向呢？到了北宋的周敦颐写了《爱莲说》，写了《太极图说》。从他开始，找到了生命的出路，找到了儒学的出路。

用一句话总结，"程朱理学"以及"阳明心学"激活了千年儒学。在"孔孟"之后，一直到"宋明理学"之前的儒学是经过改造的儒学，沦落为统治阶级麻醉人民的工具。旧儒学本身有自己的局限性。它只做道德评估，不做真理追求。所谓道德评估就是善和恶，对和错。

从哲学的角度来说，儒家讲"六合之外，存而不论"。这就像把人装在一个火柴盒里，火柴盒子的外面是什么东西，你们不需要知道。"子不语怪力乱神"，孔子是不讲鬼神的。"未知生，焉知死？"言外之意，你先把今生给活好，别管人死了到哪里去。诸如此类。从哲学的高度上来说，儒家缺乏"本体论"的解释，也缺乏对生命的终极关怀。但是统治阶级觉得这个工具很好用，希望大家都学儒学，君君臣臣，父父子子，讲仁义礼智信。当时有很多知识分子就开始质疑，假如死板地遵守礼法，生命的价值和意义何在呢？自我难道只是一个工具吗？

与之不同，道家和佛教打破了这个火柴盒，它们要追寻生命之外的价值和意义。仅仅道德说教是不够的，因为生而为人，从会说话开始，就要问："我是谁，我从哪里来？"如果不能解答这些问题，我们的生命的终极意义是得不到彰显的。而佛教在这一方面恰恰有着儒家所不可取代的价值和作用。

因为这个理由，从周敦颐到程颢、程颐、张载、邵雍、朱熹、王阳明，几乎所有理学家都看佛经。他们最爱玩味的佛经，一部是《华严经》，其中的宇宙观博大精深；另一部是《楞严经》，其中对心性的探究发人深思。他们爱逛寺庙，与和尚们交往很深。

日本禅学大师铃木大拙在他的著作《中国哲学小讲》说到：佛教经久不息地流行于文人士大夫间，为宋代（960—1279）的儒学复兴铺平了道路。中国人逐渐认识到了印度哲学尤其在形而上学和方法论领域的精妙高深。佛教这一外来的新学说让中国思想家抖擞起全副精神来面对它。它提供的思想养分被咀嚼和吸收进中国自有体系中。中国人也从未盲目地生吞活剥。他们出于直觉，弃去佛教与中国人"功用"天性不太能擦出火花的部分。他们仅就儒家在自己思想实践中所提出的那些问题，从佛教中汲取灵感。

"宋明理学"的大儒们为了克绍孔孟，从佛教经典中吸取了不少营养，用来更深入地解读儒家教义，对旧体系做全新诠释。这些人看佛经是为了维护儒学的道统，他不说，这个观点是佛教的，这个方法是听和尚说的，开悟的这个东西是从和尚那里得来的。他不说。为什么不说？他是为了维护儒学的道统。

"阳明心学"说到底还是儒学的一个分支，虽然它的最核心的部分是佛学，是禅学。一般的人是不知道的。我会为你们慢慢解读，为什么说它的核心部分是佛学，是禅学。王阳明对他的门徒，是不说这个事的。

二、"此心光明，亦复何言"与看破生死

我们直接切入下一个主题。王阳明活了五十七岁，在平乱后返乡途中去世。去世地点在现在的江西省大余县。王阳明临死的时候，他的弟子问他："还有什么遗嘱吗？"一般和尚死的时候会留下一首诗，或留下几句话。那么阳明这位大儒走的时候，也应当留一点心法给他的门徒。当他的门徒问他之后，他说："此心光明，亦复何言。"这句话是被我们经常提起的，它是对生命终极关怀的一个回答。

很多人临死的时候，是在恐惧、忧愁、纠结中度过的。王阳明只活了五十七岁，却说："此心光明，亦复何言。"这句话有两层深意。第一，这个人对自己一生一世所学的、所修的、所做的，是无憾无悔的。立功、立德、立言，他做到了"真三不朽"。因此他特别自豪地说了一句话："此心光明，亦复何言。"意思就是"我死而无憾了"。而我们一般的老百姓在死的时候，都是非常恐惧、纠结和忧愁的。

第二，他了解了生命的实相，如同佛经里说的，"未曾生，也未曾死"的实相。他明了生死有如手心、手背：当我们看到手心的时候，我们无法看到手背；其实两者都在同一只手上。阳明知道了他的来处，也知道了他的去处。所以他认为自己的生命是一片光明，他说：我要说的都说了，都在过往的文章中。

如果你对"阳明心法"感兴趣，就去读《传习录》，或者读《王阳明全集》也可以。因此，他讲"亦复何言"。

三、"格物致知"与参悟自性

那么，王阳明立了什么言？第一个就是"格物致知"。《大学》首章先讲"大学之道，在明明德，在亲民，在止于至善"，后面再说"格物、致知、诚意、正心、修身、齐家、治国、平天下"。一位儒者如果按照"三纲"和"八目"来做，他的人生价值就会全部呈现出来。这是儒家的一个架构，就叫"三纲八目"。在王阳明之前，士大夫普遍认可朱熹讲的"格物致知"。不过朱熹讲的"格物致知"和王阳明讲的"格物致知"在精微的地方是有区别的。

朱熹讲的"格物致知"，是通过比较、分析、判断，了解客观世界事物的规律。这一观点的理论前题是理在"心外"。就像现在大家读到博士、博士后，学了很多的天文、地理、化学、数学的知识；掌握的这些东西，是在"心外"。

王阳明讲的"格物致知"则不然。在他看来，"致知"，致的是"良心"，叫"致良知"。也就是说，"格物致知"中暗含着一个目的——"致良知"，我们应当向"心内"求理。而朱熹认为理在"心外"。在这个地方，二人是有微妙的区别的。

用佛学来解释，所谓"格物"就是游学参悟。一个和尚云游天下，了解风土人情，了解山河大地，就是"游学"。通过"游学"掌握自然知识和社会知识，这是一方面。"格物"的第二层意思是内心参悟。外面的事物，外面的知识是外面存在的，和你的心有什么交涉呢？你要参悟。一旦参悟，明白了这个道理，要达到什么目的呢？"致良知"。

"致良知"又要分三个层面来讲。第一，善于学习，态度端正，通过"格物致知"获得知识。这是第一个层面，即掌握规律。掌握考学的规律，掌握做官的规律，掌握经商的规律，掌握成功的规律，这些是非常浅表的。

第二，获得智慧。在古代的时候，知识的"知"和智慧的"智"是通假字。因此，"格物致知"的目的在于开悟，在于获得无上的智慧，而不是装一肚子的知识。装一肚子的知识在很多情况下是无效的。愚蠢的人把自己当成一个容器，给自己肚子里装了很多的知识；最终，要么装不进去，要么装多了就会溢出来。真正修道的人，真正会学习的人，要试着去改变容器。

改变自己的心态和生活方式，你才能够真正得到知识的滋养。如果你仅仅把自己当成一个容器，那么只是储存了无用的知识，思想依旧呆板、僵化。今天大家听我的讲座，也不要当作某种灌输；如果你今天在这里听雪亭讲了一个小时，回去会改变自己的想法，改变自己的行为，那是最有效的。这就是知

157

识和智慧的不同。

第三,"格物致知"的"知"是指良知。因为怕大家学习"阳明心学"误入歧途,所以讲到良知的时候提醒大家两点。王阳明的父亲要求他好好学习,将来也考中进士。王阳明当时说了一句惊天地、泣鬼神的话,他说:"我读书是为了成为圣贤,不是为了当官发财。"可见,王阳明从小就立志成为圣贤。

现在很多人得抑郁症,得甲亢,很多孩子出现情绪性的认知障碍,都是因为在我们的教育当中缺乏人格教育。没有立志,他的心就没有方向。给他吃药,他就痛苦;给他吃糖,他就说好。这样的人生是非常危险的。

大家学习"阳明心学",要得其要领,要活学活用,千万不要僵化教条地照搬。"阳明心学"的"格物致知"和"致良知",其道德起点是非常高的。"我不怕磨难,我不怕陷害,我不怕人间的艰苦,我是要成为圣人的。"大家别学了"阳明心学"以后,不顾社会现状,就要求你的员工或者要求你身边的人都从这样的一个心理起点出发。他们是做不到的,因为人的智力是有差异的,人的品格是有差异的。尤其是在企业管理上,对于"阳明心学"千万不能够教条化,不能够照搬。

浙江大学董平教授讲"阳明心学"时,常讲一句话:"阳明心学"的逻辑起点是很高的。我们今天讲 1+1=2,人人都能听得懂;如果有人告诉你量子物理,你能听得懂吗?"阳明心学"

的"致良知"，它的逻辑起点也是很高的。首先，立志高远，要做圣人。"致良知"要达到什么程度？它要求起心动念都不能有妄念和恶念，就像大德高僧那样去修行自己。

一个是道德起点很高，一个是逻辑起点很高。这就告诉大家，可以学"阳明心学"，但是千万不要僵化教条地，去把它应用到社会管理和企业管理当中。也就是说对普通的人，劝他向善，守护道德，遵守法律，这才是管理的常态。有些企业家学了"阳明心学"，回到企业以后反而不会管了。原来有赏罚，有制度、伦理、法律，学了"阳明心学"以后，如果你只叫员工"致良知"，那就把大家带到沟里去了。我提醒大家注意这个活学活用的方面，如果你学不透，就会出现几种情况。一种是吃的药不对症，还有一种情况是把药吃得过量了。药，吃过量了，就变成了毒药。

四、"知行合一"与解行相应

现在很多学校的墙上写着"知行合一"，一些地方政府的墙上也写着"知行合一"，似乎每一个人都知道"知行合一"。那么"知行合一"的窍诀在哪里呢？有两点，大家要记住。

王阳明在《传习录》里说："知为行之始，行为知之成。"意思就是说：你一旦起心动念，知道某个道理，和你去做这件事是一个过程。从 A1 到 A2 是一个过程，是一件事，不是两件事。比如说八月十五到了，你想孝敬你的父母。你动了这个念头，就会开着车，拿着礼品去看你的父母。从你有这个孝心到你去做这件事，它是完整的一个过程。所以阳明说"知是行之始，行是知之成"，它是一码事。

人和畜生的本质不同，人是灵长类动物，更是有心灵的。他一定是先有观念，然后再去做事。如果一个人没有成熟的观念，盲目地去做事，我们只能说他是蠢货，世界上的笨蛋才那么干事。一位统治者，一位军人，一位学者，他一定是在心里把这件事想明白了，才去付诸实践。从想到实践是一个过程，它不是两个。

阳明为什么会提出"知行合一"呢？为了回答这一问题，我想回顾一下中国思想史。周朝末年，王室内乱。老子虽然是国家图书馆的馆长，却对这个国家失望了，于是骑青牛出关。"我的这一番关于道德的传承，没有人再能够听得懂了，我不想和你们说了。"我们把这个叫"官学失守，下移民间"。

"官学"失守，下移到民间以后，逐渐出现了孔子的民间办学，进而百花齐放，百家争鸣，莫衷一是。各有各的道理，各说各的法。每一位学者讲的都好像很有道理，但是把真正的根本，大统、大体失掉了。

你要对上古的典籍以及世界的哲学有一个大概的了解，才能够知道我们今天的世道人心已经堕落到了什么程度。你要有一个坐标，才能够知道是怎么回事。要不然，不管你发多少微信，写多少文章，都没说到点子上。你自以为自己知道，但实际上不知"道"。

也就是说在孔子之前，人们在辛勤地摸索、探寻"道"。普通人知"道"很难。一个人说自己知"道"了，那太牛了，那还了得啊！孔子曾说："朝闻道，夕死可矣。"我们现在脱口而出，说我知道了。你知道的"道"不是得道的"道"，一般的老百姓是不知"道"的。

孔子以后，一直到了汉代和唐代，这个期间大家觉得知"道"很容易，做到很难。包括我们今天也有很多人认为，知"道"是很容易的，但做到很难。不过，现代人所说的知道层次较低，知道的那个"道"可能是某一章法规，某一条规律。古代人所知道的"道"是天地的大道，而不是说哪个学科的专业知识。到了汉代和唐代这个阶段，大家觉得知"道"是容易的，但是做到很难；换言之，理论是很容易的，社会实践是很难的。

王阳明把"知行合一"再次提出来了。"知"和"行"到底是什么关系呢？这是全世界的一个难题！"知"和"行"的关系也就是心和物的关系，心和身的关系，理论和实践的关系。这是各国学者一直在探讨的主题。

"宋明理学"特别肯定生命的可贵，周敦颐说人是"二五之精，妙合而成"，"惟人也，得其秀而最灵"。阳明强调了人的主体性。大家把"阳明心学"学懂以后，内心会充满一种温暖、光明的原动力，不会因为世风飘摇，五欲六尘，别人对我的态度，受到冲击。你的内心会非常充实，非常坚强。这是"阳明心学"会给大家带来的感受。

关于"知行合一"，我在前面讲了，"知是行之始，行是知之成"。除了这个，大家要记住、参悟以外，还有一个问题，"知"和"行"为什么能够统一？它里面隐藏了一个秘密，那就是人知的是"道"，行的也是"道"。如果你起心动念是在"道"上面，你做的事情也在"道"上面，"知"和"行"在道的层面上是统一的，这就是"诚"。

讲到"诚"，我在这里简单给大家演绎一下。在《中庸》里有一段论述："诚者，自成也。""诚者，天之道也，诚之者，人之道也。"大概意思是说："诚"是人的自我成就、自我实现；真实无妄是天道的准则，而人的实现、成就也应效法天道，真实无妄。否则，你所有的外在的成功都像堆沙子一样，会被时间冲垮。《中庸》讲的"诚"，与阳明讲的"致良知""知行合一"，有一根红线在贯穿着。大家在听的时候可以相互对照，把它参透。

五、"致良知"与佛心的净化

"致良知"的"致"字里包含了两个意思。第一个含义是实践。你必须实践，才能达到目的。如果你不去做，不去实践，坐到那里想，只是梦想；你把它写到纸上，只是理想；你闭着眼睛在那儿想，只是幻想。所以说这个"致"字里包含了实践。第二个含义是到达。在心里想明白了，那么就要达到那个目的。那个目的是什么？王阳明的目的不是说当多大的官，不是说拥有多少财富。他要达到的是什么？良知的全部呈现。

作为一个人，你知道自己的良知吗？什么叫良知？普通的人，不管作为父亲还是作为儿子，作为员工还是作为领导，都要经常地扪心自问：我有良心吗？

良心是什么？在普通人当中最能看到的就是孝心。你对父母孝不孝，对朋友忠不忠，友不友好，这都属于是否有良心的范畴。这个"良"不是好坏、善恶的良。大家一直有一个错误的判断，认为孟子讲的"良知"，王阳明讲的"良知"就是良好的愿望、良好的心理，存心善良。这种观点是错误的。

良知的"良"是什么呢？是我们在宇宙间投身为人，先天从胎里带来的那颗心。它是光明的、清净的、自在的、善良的、智慧的，是良好的本源的状态。

你之所以成为人而没成为狗，是因为你的心和狗的心是不一样的。"良"的用意非常深。王阳明讲"致良知",其中"良知"的概念源远流长,可以追寻到孟子。孟子说心有四端,羞恶之心、恻隐之心、是非之心、辞让之心,人皆有之。

先来讲讲"羞恶之心"。如果你把一个孩子,放在山里养大,不给他手机,不让他了解社会,然后把他领到山外头,让他当众把裤子脱掉。他会脱吗?也许会;但是在他人的注视下,他会害羞。这是书本上看来的吗?是父母教给他的吗?都不是,是他天生的。人天生就有羞恶之心。

这里的"良知"就是佛教讲的佛性,也就是西方哲学里讲的本体论的本体。在孟子的前面还有传承,儒学的传承被称作道统。尧在禅让的时候,传给舜心法:"人心惟危,道心惟微,惟精惟一,允执厥中",这被称为儒学的十六字心法。"良知"是从这里演绎出来的。它是绵绵不绝的,它是有传承的,而不是信息和知识的残片。儒家所有的治国、修身的学说,都有一个一脉相承的东西。

王阳明讲"致良知",也有四句话。如果你学"阳明心学"的话,最好把它记住,然后慢慢参悟它。

第一句话:无善无恶心之体。我们的心体,我们的佛性,是良知的本源,它像一杯水一样,没有善恶,天然地就在那里,是清净的,光明的。你给里面放糖,它就是甜的;你给里面放茶叶,它就变成了茶水;你给里面放毒药,它也就变成了毒药。

无论你是坏人还是好人，你的良知和佛性是一样的，其实并没有增加，也没有减少。我们现在之所以要学习优秀传统文化或某种宗教，我给大家讲学，其目的并非要外在地灌输某种道德，而是引导大家发现自己本有的良知，并通过实践，让它呈现出来。

良知呈现出来以后，佛教叫西方极乐世界，或者叫人间净土，儒家叫大同世界。你就是我，我就是你，我们大家都有一个良心；我们用良心换良心，这个世界就没有战争了，就没有纷争了，就没有争端了。大家要注意，阳明思想微细的部分，和他思想的整体是紧密地结合在一起的。

第二句话：有善有恶意之动。你有善恶的判断，说明你在良知的本体上已经动念头了，如海水起了波浪，这就叫"有善有恶意之动"。

第三句话：知善知恶是良知。你在判断善恶的时候，是以什么东西作为标准？你知道善和恶，说明你的良知还存在。如果一个人是土匪，是坏人，那么他完全没有良知的标准了。邪教不认为自己是邪的，坏人不会认为自己是坏人。如果他一念知道自己是坏人，他就不坏了。所以说，知善知恶是良知。

第四句话：为善去恶是格物。什么叫格物？格物就是"去人欲，存天理"。这个思想的用意也是很深的。去什么呢？去掉你所贪图的多余的东西。一个老婆就够了，你非得要三个；一套房子够住了，你非得要十套。过多的欲望让你失去了良知良能，所以要把它去掉，这才叫去人欲。存天理，就是只保留合理的人欲。生儿育女、穿衣吃饭，没有过度，没有过分，没有伤害别人，这些都属于合理的。"存天理，灭人欲"，是人格修养的必要条件。但是，我们长期以来把朱熹批判为客观唯心主义，把王阳明批判为主观唯心主义，由此导致了我们精神家园的流失。

在当代，"阳明心学"为什么会兴起？最主要的原因，可以用一句话来概括：我们的心没有住处。文化丧失，信仰遗落，道德败坏。天上有雾霾，地下的河流污染，农残超标，吆喝什么东西的反而不干什么。人生的意义和价值，有必要重新加以考量。

我认为，在有这样一种心理诉求的情况下，人们会自觉不自觉地求助"阳明心学"。我们希望给自己的精神找到出路。或者从正面来讲，物质极大地丰富了，我们吃饱了，穿暖了，就开始反思：我们生命的价值和意义何在呢？我们要通过"阳明心学"找到自己的心。我认为，这才是"阳明心学"的真正的意义和价值所在。

总之，"致良知"三个字是"阳明心学"的核心。我们学习"阳明心学"就是要"致良知"。所谓"良知"就是我们的同情心，我们的悲悯心，我们的清净心，我们的光明心，它是与天地共生的。

中国人的价值观，中国人的心性论，中国人的工夫论，中国人的宇宙观，中国人的世界观和人生观，和西方是截然不同的。简单来说，从《道德经》《阴符经》《黄帝内经》乃至《金刚经》《楞严经》《大学》《中庸》《论语》，这些文本来看，中国人总是在天人关系的框架下思考，始终坚持以人为本。

人者，仁也，人就是天地之心。我们的眼睛为什么能够看到事物？我们的耳朵为什么能够听到声音？天地间为什么孕育人这样一种灵秀？这些都和我们的良知密切相关。

儒家讲的"良知良能"，道家把它叫作"道心"，佛家把它叫作"佛性"。表面上是三个宗教系统，三个学术系统，但是实际上它们背后的那个"点"是高度一致的。所以说"致良知"的良知，其寓意是很深的。

六、成功必须事上磨

"阳明心学"的最后一个节点叫"事上磨"。王阳明被刘瑾迫害、追杀，逃到贵州的龙场，有房子不能住，住在石洞里面。他后来自己起了个名字，叫"玩易窝"。王阳明原来考科举的时候，人生得意的时候，没有看《易经》；到了人生最潦倒、困顿的时候，他才去研究《易经》。

他经历了生死，才开始研究《易经》。他坐在山洞里，像和尚那样参禅打坐，有一天他突然悟道了，或者是从佛教的角度来说，他突然开悟了。他欣喜若狂，说了这样一句话："吾性自足，不假外求！"

佛祖当年在菩提树下悟道的时候说"一切众生，个个具有如来智慧相"，六祖慧能在《坛经》里也说"菩提自性，本自具足"。王阳明讲的这句话，意境完全是相同的。总而言之，王阳明悟道了。所谓"悟道"，我们现在在这里把它简单地描述为，他领悟了、理通了宇宙人生的大道。悟道以后，他要立言，讲学，教化，平乱，完成"三立"。

王阳明最后得以成功的秘诀就是"事上磨"三个字。你就是悟道了，也要回到红尘当中，回到政治、经济和军事生活当中去磨炼自己。每个人必须通过实践磨炼自我的心性，让其发扬光大。就拿我们现在的话说，实践是检验真理的唯一标准。如果你悟的那个道理，在人生的实践当中行不通，那就说明你这个道理是有缺陷的，或者说是不完美的。

对今天的人来讲，"阳明心学"是打开传统文化的一把金钥匙，理解儒释道的心法，它对三家学说的总结和概括都非常到位。如果把"阳明心学"学懂了，那么你做人、做事就获得了"尚方宝剑"。

七、答疑解惑

听　众：您刚才讲，"知道""做到"是一个过程。我们在"知道"和"做到"的过程当中，有时候会出现一些偏差，应该怎样面对？

雪　亭：这个问题问得很好，说明你的思考还是很细致的。从"知道"到"做到"，有一个过程；在这个过程当中，我们有时会彷徨，有时会失误。我想从两方面来回答。

第一方面，出现偏差，说明你的"知道"并不是"真知道"。我给你打个比喻。比如说你和我两个人出门，走到悬崖边上。如果你发现我和你有仇，知道我会把你从这里推下去，那么你绝对不会往悬崖边上走。这时候，你的知道是"真知道"，因为性命攸关嘛。

再比如说，我现在倒了杯茶，给你喝，你一定会毫不犹豫地喝下去；假如你知道我因为和你有仇，倒了杯毒药叫你喝，那么你绝对不会喝。显然"知"和"行"是高度统一的。

那么有的人为什么会心存侥幸？是因为他原本就对这件事情，这段因果，对其中的理和事知道得不清楚。所谓"不清楚"就像车轴一样，中间有空隙。比如，很多人被双规、被判刑，他的能力、知识、学历，甚至他的家庭背景，比一般人差吗？他不比一般人差。那么，他为什么会一步步走向罪恶的深渊呢？按照儒家的说法，是因为他存在着投机心理。这就相当于盖房子的时候，地基打得并不牢。

第二个方面，就算我们知道得非常真切，但在做的过程当中经常会受到干扰，佛教把这个叫业力。我们会受无明、业力、习气、环境的干扰，进而丧失信心，有所懈怠，我们会左顾右盼，不再前行，这些都可能使我们知道的真理不能够付诸实践。

这两种情况：一种是知道得不够真，一种是在做的时候受到了诱惑，受到了干扰。在儒学史上，一些大儒从在理论上学得很好，到最后做得很好，中间这一段叫工夫。就像少林功夫一样，你从在少林寺里练武到能够施展出来，那是需要工夫的。功夫是练出来的，功夫不是说出来的。

听　众：怎样才能不计较人我是非，超越二元对立？

雪　亭：对于一般人来说，先不要谈修，先要把"认知"搞清楚。比如，如果你是一个做父母的人，就一定要知道一个简单的道理——一娘生九子，九子各不同。虽然有血缘关系，但是每个人的心灵结构是不一样的。

生活在一起的兄弟姐妹，都不一样。这叫什么呢？在哲学里叫承认人的差异性。这个世界的差异是绝对的，平等和统一不是绝对的，就连五个手指头都不一般齐，所以我们要承认事物的差异性。

第二点，人生的境界要非常高。境界很高，心态良好，你就不会陷到风暴中心，就不会在二元对立里纠结，就不会在善恶的判断上面老是绕不出来。我还是以出家人为例来说。比如说我最初出家的时候，我的一念心就是：佛经很好，我要从中求智慧，求解脱，我要做个修道人。

庙里的和尚不愿意做杂务，那些老和尚为了当方丈争来争去，我都看在眼里。当时我就告诉自己，我出家是为了自己，佛教界的纷争和我没关系。到现在，我还是秉承着这样一颗心。

我在佛教协会从事了十五年的教务工作，每天接待上访，筹备会议，和俗人一样，要做那些很复杂的人事调整工作。但是，我守住了初心，坚持写书，讲经，自己修炼自己。佛教界只是一个平台，它并不能给我什么，真正能成就我的是我自己。

到现在三十年了，我始终秉承这样一种信念，因此道路越来越宽广，越走越光明。如果你形成这种心态，跳出二元对立的心理模式以后，那么即使是非喧嚣不断，你也当成耳旁风了，因为你的心已经跳出二元对立了。

有些人为什么不能够超出二元对立？是因为他们的境界不够，智慧有欠缺。二元对立是非常耗能量的。比如说你在商场上，不搞好自身建设，不把自己搞强大，反而老是在想着拆别人的台，撕别人的广告，打别人的假，其实并不能成功。反邪教也是一样，你说这个邪，那个邪，如果不把真东西拿出来，大家仍然是迷茫的。你的货架上没有正品，没有真东西摆在桌面上，只是说别人的货是假的，那有用吗？

所以说，儒家、道家、佛家在这里给我们提供了非常有效的东西。

听　众：假如我是老板，自己的"知行合一"做得不错，那么怎么样让我下面的团队做到"知行合一"？这是第一个问题。第二个问题是关于"致良知"的。我觉得自己对下面的员工，还是挺好的，但下面的员工对我不理解，我怎么做会更好一些？

雪　亭：这两个问题提得很好。我在前面已经讲到，"阳明心学"的道德起点和逻辑起点是很高的。首先，作为一个老板，既想要把事情做成，又想要让自己心安理得，你就必须要向王阳明学习。经过向他学习，你就可以高灯低照嘛！灯放在高处，底下就是亮的。你一定不要把自己和员工划等号。你学习"阳明心学"绝对是没有错的，但是，你不能要求你的员工也像王阳明那样"格物致知""知行合一"，那是不行的。

那你要怎么样对待员工？要讲法，要有制度，要有道德规劝，要有法律震慑，这些都是形而下的。你只有把高压电转化成低压电，才能够点灯，要不然灯泡就会烧掉；对待员工也应是这样。这就是我刚才讲的那句话——"阳明心学"的道德起点和逻辑起点很高。大家管理企业，管理家庭，千万不要照搬，照搬是行不通的，只能慢慢地去领会。

听　众：老师，我想咨询一下。我有一个朋友，她是一位学者，文化层次也很高，但是我觉得她的一生很坎坷。她毕业之后就出来创业，后来成了家。她的儿子现在大概有 17 岁，但最近得了抑郁症。她原本是一家上市公司的老总，前段时间，她既要照顾儿子（因为她离婚了），又要经营事业，不幸遇上了事业的波折，亏了几百万。现在是她人生的低谷，欠了很多债，但她的心态保持得还好。在这里，我想请教雪亭，像她的这种情况，是命运不济，还是因果使然？我想请雪亭指点一下，我转达给她。

雪　亭：从某种意义上来说，人生就像一个谜团，涉及世界和宇宙的全部。我们人像一个接收发射器，像一个手机，里头有软件，外面有外壳，不管是联通和移动，它都通向很多通讯设备。所以要把人生搞明白，真的很不容易。

我在这里不讲前生，不讲后世，不讲业障，什么都不讲。我认为你这个朋友犯了一个最低级、最简单的错误。她虽然是位学者，知识很好，心态很好，但这都掩盖不了一个事实，你可以回去直接告诉她，她对于人生和社会的认知是有障碍的。

不管你有多少知识，有多少人脉，也不管你是出家、在家，如果你对自我的认知有障碍，如果你对社会的认知有障碍，那么你的一生将是一事无成的。简单地说，这就叫认知障碍，一般人都不知道。很多高级知识分子，虽然装了一肚子的知识，但是并没有认识自己。就像我前面说的，光给杯子里装知识，却没有改变容器。而修道和信仰，才能让人改变自己，改变容器，而不是给容器里面装知识。

她要想过得好，就必须对自己和社会有个清楚的认知，这才是大学问。我们必须要对症用药，找到她的病根。你给她讲了很多形而上的大道理，说有业障啊，有习气啊，前世干得不好啊，那都不能解决问题，远水解不了近渴。最能够解决问题的方法就是检讨自己，对于人生的认知和社会的认知有没有障碍。

听　众：在做企业的过程当中，我们都会遇到很多的竞争和压力，那么在不违背自己良心的情况下，如何把企业做好？也就是说，如何让我们从更高的高度来经营企业？它能让我们不违背自己的良心，不去做那些违背道德、法律的事，就算竞争对手怎样对你使坏招，也会让我们坚持走下去。如果说为了"致良知"，导致我们活不下来，那您讲的也没用啊？

雪　亭：这个问题能不能反过来问？如果不"致良知"，大家都能够活下来，那活下来的意义又在哪里呢？就是一群狗、一群猫也能活下来，它们不需要"致良知"。那对人来说，你的心会答应吗？不答应吧。如果不答应，那就有话说了。

第一点，一个做企业的人要不断地学习，让自己的心灵对于知识，对于文化，对于智慧永远处在一种敞开的状态。如果不学习，你就会僵化固执，很快被淘汰掉。

第二点，一方面要努力地创业，另一方面还是要克制自己的欲望。很多企业家摔跤，被人挖坑、使绊子，是因为他过多的欲望留下了空隙。这就像武术一样，下盘不稳，就很容易被推倒。总之，第一点是外在的，你要不断地通过学习，增加自己的智慧和知识；另一方面是要通过"致良知"让自己的根基扎稳。

在这种情况下，我们要面对现实，不能逃避现实。确实，现实当中有压力，有竞争。那么，怎么样面对竞争？怎么样减轻自己的压力？我认为，就像你们今天到洗心寺来，其实这本身就是最好的充电和减压的机会。

听　众：老师好！您在讲"阳明心学"的时候强调，儒释道在某些方面高度统一。我想问一下，它们的差异性在哪里？

雪　亭：差异是非常多的。你的问题太大了，这要求我要把儒释道三家全部说一遍，再加以比较。这里不方便展开，我只在关键点上简要地说一下。

儒家给我们提供了很多道德规劝，但是它缺乏对生命的终极关怀，缺乏对宇宙本体的解释，这是儒家的局限。

中国佛教讲"色即是空，空即是色"，"不生不灭，不垢不净，不增不减"，形而上的东西很多。但是关于怎样融入中国老百姓的生活，文章做得不够。虽然六祖慧能写了一本《六祖坛经》，念起来琅琅上口，让我们中国人心悦诚服，但这是不够的。

总而言之，佛教发展到今天，还没有像儒家那样真正地融入老百姓的生活，这是因为佛教讲的教义太形而上了。很多人念了《心经》，念了《金刚经》，却无法将其转化成自己的行动、心理和学养。一般人是做不到的，只有个别的高僧大德能够做到，普通的信众还做不到。

"做不到"，就会带来一些麻烦。比如说我一心念佛，要往西方极乐世界去，那么我可能对家人，甚至对我自己就不太关心了，因为我的着眼点在西方极乐世界嘛。比如说我念《地藏经》的时候，知晓"我有业障，地狱是那么恐怖"，但如果我们永远沉浸在这种恐惧当中，背着一个沉重的包袱——"我有业障，我有罪"，那就会影响我们往前行走。

佛教形而上的哲学对于普通人太过深奥；要完成它的中国化，就必须要做大量的诠释工作。在诠释时，也要联系现实，联系人生，不能脱离现实和人生去讲佛学。任何宗教都是人的宗教。没有人，哪会有宗教呢？如果宗教只是一种形而上的哲学，它是没有生命力的。

道家为我们提供了一个最优秀的宇宙模型。古人以无极、太极、阴阳八卦，构建了一个非常棒的宇宙模型。稍微读一点书的人都知道，中国古人的养生、武术、医药都运用了阴阳八卦的原理。因此可以说，道学是中华民族根本的学问。

表面上看，儒家是儒家，道家是道家，但如果你阅读了大量古籍，你就会发现：儒道是一家，源于同一个根。

现在讲的儒家和道家是春秋战国百花齐放、百家争鸣以后才演绎出来的。在上古的时候，道通为一；只不过因为所见不同，"道术为天下裂"，形成儒墨道法诸家。

那么道家的局限性在哪里？社会学家马克斯·韦伯，在讲到中国道教的时候，认为：道教不是宗教，它缺乏完整的理论体系；只会看风水，打卦，是一种集体巫术。在他看来，作为一种宗教，必须要有完整的理论架构，其形式和内容要高度统一。他认为中国道教的发育是不完备的。这是马克斯·韦伯的看法。

因此，我们要学习优秀传统文化，就必须融合儒家、道家、佛家的三维架构。它们在不同的维度提供了不同的营养。比如说道家的医药和养生，儒家的修身和齐家，佛教的心学和宇宙观。只有以三维架构理解传统文化的时候，你才能融会贯通。

现在有几位大家和通家，比如南怀瑾、曾仕强。你听他们的光盘，看他们的书，就会发现，他们对儒释道三家的精髓都能掌握，也讲得很圆满。假如说一个人光懂道学，或者光懂佛学，他讲的时候就会有失偏颇，让人感觉不那么圆满。只要你学得非常透了，找到了人生和宇宙的实相，就可以不在意儒、佛、道的标签和包装。

听　众：您刚才讲到"去人欲"，我对此有点疑虑。我认为：欲望更多地是私欲。比如说我经营企业，我带领这个团队，如果我很多时候都是心存私心，是为了我自己赚钱，那我的企业肯定做不好。这是我之前理解的私欲。但如果我想要把这个企业做大，我想要更多的人加入到我的团队里面来，我想要在市场上占有更大的份额，这是不是也是一种欲望呢？

雪　亭：你想的很好。欲望以一个人的身体为边界，以他的思想为原点。我想要很多老婆，我也想要很多车、很多房子，我想自己享受，这个叫欲望，而且叫过度的欲望。我们为了要让自己平安，让自己安稳，为了让自己向圣贤的道路上迈进，这是合理的愿望，是志向。我们要克制的是内在的欲望。

你刚才说，我要养更多的员工，给国家交更多的税收，想跟别人合作把企业做得更大。这是愿望，不是欲望。欲望仅仅局限于个人，而愿望是一个团队的愿景。这里又有一点区别。

当你心怀天下的时候，就叫良愿、善愿；当你采取了种种手段，想把天下据为己有的时候，就变成了欲望。

总而言之，是不是欲望，和发心有关系。你的发心到底是利他的，还是自利的？如果自利，就成了欲望；如果利他，就成了愿望。菩萨不是也发愿嘛？你不能说："菩萨你发愿了，你的欲望好大呀！你还想度我们？"

听　众：我们身边有患甲亢和抑郁症的人。他们应该怎么来调整？我们怎么来帮助他们？

雪　亭：第一，得抑郁症、甲亢的人，他内心的欲望是比较大的。对这些精神病患者——抑郁症、甲亢患者，你在同情的时候也要观察他们。一般来说，他们的欲望都超出了自己的能力。

第二，抑郁分两种情况。第一种抑郁是到处碰壁。患者的生活起点很低，学历不高，智力不高，能力不强，在社会上到处碰壁，没自信心了。他看世界是灰色的，精神性感冒，这是抑郁的一种情况。另外一种抑郁就在你们当中，需要特别小心。比如我原来是个农民，到深圳创业，经过奋斗，有房子了，也有车子了，老婆也挺漂亮的，孩子一大堆。在这时候因为没目标，也会抑郁。人是有心理需求的，当他的物质欲望得到满足，没有更高的追求的时候，他就会有空虚感、失落感。

在这里，给大家打个预防针。到了 21 世纪中后半叶，物联网、互联网、全球一体化、经济一体化的时代到来以后，人的无意义感、无价值感和空虚感会成为普遍的精神疾病。这时候，信仰和人文的关怀会变得很重要，只有它能给我们一种方向。当我们和圣贤对话的时候，当我们和宇宙对话的时候，我们发现我们要学习的东西，要探讨的东西很多。

关于甲亢，通常表现为：神经过敏，急躁易怒；失眠紧张，焦虑多疑，情绪不稳，常常因为小事发怒。明明是自己不行，非把脖子挺得直直地说："我能行。"这就是甲亢。

甲亢患者为什么脖子粗，眼睛会瞪出来？因为他的心境和面相是同步的。开玩笑地说，他脖子本来不粗，非得装个大脖子；眼睛本来看得不远，非要戴个望远镜，那眼睛就鼓出来了。所以说，患甲亢的人是不认命的人。如果退一步，稍微认命了，就在精神上把甲亢的病因取消了。然后再辅助以药物治疗，就可能痊愈。

但是这里面藏了一个秘密！甲亢和抑郁症是一个事物的两面，也就是说，甲亢和抑郁症从心理学上来说是不可分的，它们是一体两面的。如果你身边有这样的朋友，你要注意观察。通常情况下你让他们念经、打坐，叫他们看开一点，放下一点，给他们一点精神安顿和抚慰是有效的。虽然不能去根，但是是有效的。

听　众：我想请教一个问题。我们禅商会作为一个学习型组织，应该怎样带领大家，不走偏，成为社会的正能量。

雪　亭：首先要继承传统。不管你是叫佛商、禅商，还是叫儒商、道商，如果不学习古代经典，就什么商称不上。要让自己的精神世界充实，首要的就是回归经典。比如《大学》《中庸》《论语》《道德经》《黄帝内经》《阴符经》《金刚经》《六祖坛经》，都可以选为枕边书，反复地去琢磨、玩味，乃至于吸收、消化。只有这样，你和别人讲话的时候才有根有据。我们应该要有这样一个学习的工夫，这样一个修养的工夫。对我们这个时代而言，继承传统是首要任务，先吸收、消化，再发展、创新。

听　众：我们彼此要怎么样互相影响呢？

雪　亭：你要想让自己的生命变得有质量，首先要自修。然后才是讨论切磋，同学间互助互利。更进一步，就要拜访明师。有一些大学者，他们的知识结构和思维模式和你们的完全不一样。向他们请教，那真是叫"听君一席话，胜读十年书"。读万卷书不如行万里路，行万里路不如明师指路。参学是非常重要的。

听　众：我们在经营企业的过程中，为了学习和成长，也会去上商学院或听讲座，但实用性到底怎么样呢，我们也不是很清楚。

雪　亭：假如说你的学习态度很好，接下来就要注意学习方法。一个人讲学，我们基本上用四个方面来辨别。第一，他有没有自己的平台？他如果没有属于自己的平台，那么很可能是大忽悠。借着公共的舞台或者借别人的舞台，借个宾馆饭店忽悠一下，那是靠不住的。

第二，他有没有话语权？是不是有讲学的资格？你是研究所的所长，还是大学的教授？是庙里的和尚，还是山上的道士？如果讲演的人没有受过专业的培训，没有学术积累，没有修炼的心得，不过是用文化来包装自己，那么听他的课只是浪费时间。

第三，他给你讲的课程，有没有完整的体系？比如说我今天给大家讲的虽然是"阳明心学"，但是我后面的支撑是佛学。要分辨他的课程有没有完整的体系，就像我们的学校教育，从小学到大学，包括文、史、哲、数、理、化，它有一个对人负责任的架构。但是那些讲企业管理和讲企业培训的人，往往只谈某一个方面，没有一个完整的教学体系，没有架构。

第四，要注意观察，他是不是正念和正语，看他的发心真不真。他到底是在弘扬国学，还是在用国学骗钱？在整个讲课的过程当中，他会不会装神弄鬼，圈钱，变着手段让你刷卡？

在这方面，你们的警觉性肯定要比我要高得多，对不对？

现在网络兴起，我经常在网络上搜索相关的视频看一下，发现了一个新现象。古代人是生怕这个道弘扬不出去，而现在某些小妖小神稍微读了两本经以后，讲了一半，就弄出个微信号来，让你扫二维码、刷卡，你不付费，这个课就没了。

古人说"人能弘道，非道弘人"。一个弘道的人，连这一点小名小利都放不下，你还能弘道吗？这本身就把他自己给暴露了。那你为什么会上当呢？因为你本身有功利心。你的心是有功利的，你就上钩了。

三十年来，我们在学习国学和企业培训上，没少交学费。我太了解这一块了。最早学的是西方的拓展训练，后来用直销、传销洗脑，再后来，就打着宗教的名义讲宗教智慧。为什么讲宗教智慧？因为在中国，宗教长期以来是被妖魔化的；为了避免政府的管理和宗教带来的负面影响，他就换了个说法。而且大众对于宗教了解得很少。

他所讲的那个东西，你随便看两本经都会知道。就像我的一个徒弟，花63万学了某某人的课程，后来和我去武夷山云游，在那里喝着茶，我讲到了一本经书。他说："你讲的这些不就是宗教智慧嘛！"我说："我是个和尚，我当然要讲宗教智慧。我讲的这些就是《入胎经》里的。"他说："上一次那个人讲的就是这些内容，收63万呢！"我说："我给你打折，30万就行了。"总之，我们还是得给自己充电，多看一点古代的典籍；就是研究得不精，大概了解一下内容，也不至于枉交学费，走弯路。

听　众：怎么样由浅入深地学习佛法？请给我们指导一下。

雪　亭：现代人受西方教育的影响，一讲到学习，就希望是从小学到大学这样阶梯式的。中国文化不是这样。中国文化是发散性思维，注重悟性，叫"一经通，经经通；一法通，法法通"。如果你拿《六祖坛经》来念，把它作为自己的日常功课，我相信半年或者一年以后，你的觉悟一定会大有提高。

你不要想着我是在为佛念经，我是在为雪亭念经，我是为了消业障，我是为了给谁完成任务来念经。这些想法，都不要。这是你的自修，是你心灵的需要。信仰是非常自由的，学得深就深，学得浅就浅，反正朝这个方向走就可以了。不要那么功利，不要拿着功利的思维模式套到信仰上面。只要你的心朝着那个方向，一定能够获得收益。

听　众：在平常，应当通过哪些书籍或者什么样的途径来学"阳明心学"？在学的过程当中又要注意一些什么东西？

雪　亭：要想学"阳明心学"，首先要读《传习录》。《传习录》是王阳明和他的弟子对儒学问题的一些精妙的探讨。学习

《传习录》，就等于把儒学又复习了一遍。在《传习录》的后半部分，阳明对自己的心学有所提炼。像我们今天讲的"知行合一""致良知"，书中就有解释。所以说学阳明心学，要把《传习录》好好地看几遍。如果看不懂，就去听视频，找一点参考资料；先牢牢地掌握"阳明心学"的基本知识点，再慢慢深入。目前讲"阳明心学"讲得好的就是浙江大学的董平教授，他是研究"阳明心学"的专家。

听　众：我们"禅商会"怎么样才能传承好传统文化，并落实到团队的发展及个人的工作生活中去？

雪　亭：现在看来，你们这个团队需要一位导师。他可能不是经商的，但是他必须是对儒释道、对传统文化有所领悟的人，有心得体会的人。你们一定要找到一位精神的导师，给你们提供一个导航，才能领着你们往前去学，一步步走下去。如果大家都不知道路，边走边问路，那太误事了。具体的组织和事务，由你们自己来管理。

第七讲　禅解阳明心学

主讲人：雪亭

> 王阳明的心学主张"吾性自足"，强调"知行合一""一滴骨血""致良知"等等，虽然这些没有达到佛教的大彻大悟，与历代祖师不可同日而语。但是他入世的三立精神确实得到了禅学的心法，值得我们借鉴，甚至对今日的佛教有纠偏的作用，在当今社会不失为一方便法门。

我之所以对阳明心学感兴趣，因为就学习优秀传统文化，弘扬优秀传统文化而言，阳明心学是一把金钥匙，它萃取了儒释道三家的精华。我们走进阳明心学，可以用最直接、短平快的方式，得到儒释道的心法。这是一个主要原因。

另一方面，是由于社会环境和意识形态的种种原因。阳明心学虽然有洁净精微的学术思想，但是它不离开当下的人生。它虽然有宗教的操守，但是很少有宗教的包装和形式。所以说学了阳明心学以后，对我们会有很大的帮助。

请大家带着两个问题，和我一起来思考。第一个问题，为什么在儒学经历了千年的发展之后会兴起阳明心学？传统的儒学不好吗？第二个问题，也是我们今天讲课的重点，阳明心学到底告诉我们什么？它对我们的人生，对我们的家庭，对我们的工作和事业，有什么重要的指导意义？

我用两位权威人士的话给大家做一个解读。许嘉璐先生说："阳明心学是治疗当今中国社会问题'癌症'的一剂良药。"这句话讲的是非常尖锐的。郭齐勇先生说："阳明心学强调人的道德主体性。"

大家都知道，全球化是由资本主义主导的，整个世界由此进入到了功利化的时代。这是大的世界的环境。以小环境来说，从20世纪90年代初一直走到现在，我们的经济和科技取得了长足的发展，但是我们有一个不可回避的短板，就是我们的人文建设跟不上。当经济和科技迅速发展而人文跟不上的时候，我们想追求健康、平安、幸福的生活，却反而欲求弥远。总之，阳明心学在这个时代重新兴起，是有必然原因的。也就是说，中国的很多问题需要用"心学"去治理。

为了升官，发财，甚至是考学位，我们做了种种的努力。但是，如果我们丧失了良心，丢掉良知，就会变得非常的空虚！这是因为你苦苦追寻到的东西，它并没有温暖你的心，并没有让你心安。虽然儒家在《论语》里不断地讲"己欲立而立人，己欲达而达人"，但很少人能做到。我们在官场上、在商场上腾达的时候，是不是用良心去处理问题了？我们在追求财富和成功的同时，是不是把自己的良心丢了？从孔孟之学一直到阳明心学，"良心"都是一个不可回避的人生和宇宙的核心问题。

原始的儒学——孔孟之道，讲仁义礼智信。一般来说，人们把孔子看成一位道德家，看成一位教育家。比如说黑格尔，他就不承认孔子是哲学家，认为孔孟之道缺乏对哲学问题的深层思考和对本体论的解答。正是因为这个理由，在魏晋隋唐，儒学逐渐没落，无法满足民众的心理诉求。

很多人通过考秀才、考进士，学而优则仕，走上了仕途。他们可能学问很好，道德很好，但是审视那些儒者本身的生命，他们是不解脱、不自在、不光明、不磊落的。王阳明在他的《大学问》和《传习录》当中，屡次谈到这个问题。

在他同时期，也有很多人考上了进士，但是在处理社会事务和人生问题的时候，他们的心性不能够光明磊落，不能够自由解放。这引起了王阳明深深的思考。

我们都是读书人。读书人应该通情达理、兼济天下，至少也应该有良心，有良知！但是我们发现一些当上官的读书人，反而没有良心，没有良知。王阳明当然会思考这些问题。他在治学、从政、平乱等经历当中，对于儒释道三家认真地学习，广泛地博览，试图回答这些问题。

关于王阳明的思想历程，我们必须要做一个简单的交代。

汉、唐时期，佛经在中国不断地被翻译、讲解，佛教的思想文化非常的繁荣，甚至影响到了朝政。这时候的儒者，他们的内心是非常困顿的。作为中华民族文化之根本的儒学，在和佛学的激荡当中被边缘化了，甚至被消解了，这些儒者对此是很不满意的。其中最不满意的就是韩愈，他写了一篇檄文《谏迎佛骨表》，反映了儒者因为佛学兴起内心产生的那种焦虑。

然后到了北宋，出现了北宋五子，先驱人物是周敦颐。我们可以用三点来了解周敦颐的思想。这在《宋史》里有明确的记载。首先，在程颢和程颐看来，周敦颐只是一位像和尚一样参禅打坐的"穷禅客"。

其次，在《宋史》里面又记载周敦颐"精通政务，志在山林"。大家在这句话当中就能品味出来，周敦颐和过去的儒者已经分道扬镳了。过去的儒者，一言以蔽之：道德很好，学问很好，入世太深。

除程颐外，北宋五子的寿命都很短，一般都只活了五六十岁。按道理，一个人读书明理，对于天地之间的事应该看得很开。为什么他们在人生的挫败和困顿当中，活过七十岁的都很少？这充分说明在那个时代的儒者，入世是非常深的。

周敦颐特别喜欢静思和打坐。他一生著述不多，留下来的文本不超过 3000 个字。《爱莲说》反映了他追求的理想人格。《太极图说》反应了他所吸收的佛家和道家的思想。在《通书》

中，他把儒家的思想、道家的思想和佛教的思想进行了贯通。

人是从哪里来的？《太极图说》里有非常重要的一句话，"无极之真，二五之精，妙合而凝。乾道成男，坤道成女"。周敦颐认为人是"二五之精，阴阳五行，妙合而成的"。人乃天地之心，人是天地间的果仁。这个"果子的仁"一旦坏了，天地就崩塌了，整个社会就没有意义了。

而一个人如果没有找到自己的良知，这个人的地位再高、学问再好，都是虚假的。按照《中庸》来说，"诚"就打折了。《中庸》讲："诚者，天之道也，诚之者，人之道也。"

大家要注意，讲阳明心学，不要把它讲成道学，也不要把它讲成禅学。它是在儒家的土壤上长出的一株美丽的奇葩。它的哲学视域和思想视域，没有超出儒学的范畴。但是，它是新儒学！刚才我把阳阴心学产生的文化和历史背景给大家做一个简单的交代。下面，我们分析阳明心学的主要观点。

一、生死观

王阳明诞生之前，祖母梦见天神衣绯玉，云中鼓吹，抱一赤子，从天而降。祖父遂为他取名为"云"，并给他居住的地方起名"瑞云楼"。王守仁五岁仍不会说话。这时，有一位道人来到他家。

这位道人来了以后，他说："好个孩儿，可惜被说破了。"这句话很有意思啊！我们读《王阳明传》的时候，就要琢磨这句话。这个娃娃长得又白又胖，看上去聪明伶俐，可惜你们家人给他起了王云这个名字，把他的来处给说破了。你把他的来处给说破了，那他就不说话。后来家里人就问："应该给他叫什么名字呢？"这位道人说："叫王守仁。"所以王阳明上学的学名就叫王守仁。

为什么又叫王阳明呢？因为在他的绍兴老家有一座山叫龙泉山，龙泉山上有一个洞，原本就叫阳明洞。他每次回故乡看她祖母的时候，一有空闲，就到阳明洞去打坐，自称为阳明子。这就是王阳明名字的来历。

后来阳明被刘瑾迫害，打了四十板，被流放到贵州修文的龙场驿站，那里又有一个山洞。现在你们去旅游参观，会看见上面写了个"阳明洞"。其实山洞原来的名字叫"玩易窝"，王阳明在他人生最困顿的时候在洞里研究《易经》。

有一个民间流传的说法：穷信基督苦信佛，困困顿顿学《易经》。人在困顿的时候都会想去求签算卦或学《易经》的。

孔子周游列国，发现政治的道路行不通了。他说："加我数年，五十以学《易》，可以无大过矣。"孔子晚年也学《易》，"行则在侧，卧则在床，韦编三绝"。大家要注意，《易经》是六经之首。人们为什么要学《易经》？肯定是因为有了问题，要去解决问题，才学《易经》。

弘治十二年，阳明中进士，观政工部。后任刑部、兵部主事。正德元年，刘瑾擅政，并逮捕戴铣等二十余人。阳明上疏论救，触怒刘瑾，被廷杖四十以后，贬到贵州修文当龙场驿站站长。

因为前路坎坷，生死未卜，他要向在浙江绍兴的老祖母辞行。到杭州时，刘瑾派的捕快追杀他，于是他就躲到了杭州的火神庙。火神庙有位老道，能掐会算，在他手上写了两个字：装死。所以王阳明走到钱塘江，把帽子往这里一扔，把衣服往那里一扔，然后把鞋子丢在江边，躲到芦苇荡里。最后一直逃，逃到了盐官，躲过了捕快的追杀。

回到故乡，看了祖母以后，他不能不去上任。他上任最直接的路是从浙江到湖南，然后到贵州修文龙场驿站。但他不敢走这条路线，他一直绕到了福建。他经历的这些磨难对我们的启发就是：一切贤圣都从砥砺中出！一个人如果没有经历生与死的磨难，他对于人生的感悟一定是非常肤浅的。他必须要有这些磨难。其实佛学就讲了两个字：面对！面对烦恼和生死，而不是逃避。不过大部分人信佛都是为了逃避，这完全是对佛教的一个误解。

王阳明活了五十七岁，死在什么地方呢？江西的南安大庚县青龙港。他临死的时候，身边有七八个弟子围着他，说："老师，你就要走了，还有什么话要留给我们？"他说了一句话，现在被文化界和学术界广为流传："此心光明，亦复何言！"

弘一大师在圆寂的时候写到："问余何适，廓尔忘言，华枝春满，天心月圆。"他看破了生死，对自己的一生交上完美的答卷，无怨无悔。赵朴初居士在遗嘱中写到："生固欣然，死亦无憾。花落还开，水流不断。我今何有，谁欤安息。明月清风，不劳寻觅。"

我为什么给大家讲弘一大师和赵朴初居士的遗言呢？就是为了让你们加以参照，来体悟"此心光明，亦复何言"。王阳明经过了对儒释道苦心的参学，和在官场上三十年的磨难，走完了他五十七岁的一生。他留下的遗言是"此心光明，亦复何言"。

从佛学的角度来看，什么人能说出这样的话？一个找到自己良知的人，一个看破生死的人，一个断绝了烦恼的人才能够说出来这样的话。一般的人在死亡的时候，不能够给自己交一份完美的答卷。

雪莱·卡根教授写了一本书，叫《死亡哲学》。在这本书里，有一句名言：当你不了解死亡的本质的时候，活着是没有意义的。就像《阴符经》上所说的一样：生者，死之根；死者，生之根。生和死是手心和手背，是一体两面的。一个人如果对于死亡不了解，他就缺乏构建生命的方向感和紧迫感。

在中国禅宗史上，有很多的老和尚，他们能够断除烦恼，看破生死。有坐着走的，有站着走的，有肉身不烂的，总而言之，他们对于生命的终结是非常潇洒的。而一般人在死亡的时候，是恐惧的，是纠结的，是割舍不下的。曾经有人跟我说起一位老人，在把他的钥匙卸下来的时候，他眼一闭、腿一蹬就走了。如果没有把他腰上的钥匙卸下来，或者说子女没到他身边，他那口气都咽不掉。

我们为什么要读书，要明理？儒家从一开始就告诉我们，人这一辈子一定要学会一件事：好生好死。不过，我们一般的人做不到儒家的"好生"——"立德、立功、立言"。比如"立德"，你要作为一个大丈夫，作为一个君子，屹立在天地之间，那才叫立德。

如果我们的生命陷入到一种困境，陷入到一种病苦，陷入到一种磨难的时候，我们还能立德吗？但是王阳明真的很厉害。刘瑾这么整他，这么害他，你们在《传习录》和《大学问》当中看不到刘瑾的名字。

再如"立功"，或者在前方打仗，或者是治理一方朝政，都可以立功。立功就是要有业绩。"立言"为什么被放在最后？因为它最难了。孔子都是"述而不作"。我们还有资格写书？因为"言"要立得住。王阳明立言没有？他的代表作《大学问》以及后人编录的《传习录》，告诉了我们关于生命以及思想文化的几个重要的节点。

第一，"格物致知"。他讲的"格物致知"和朱熹讲的是不一样的。

第二，"知行合一"。现在很多党政机关、学校都写有"知行合一"。知行观是全人类要解决的问题。不管是讲"理论和实践"，还是讲"知行合一"，这是全世界的人都要解决的一个重大的课题。

第三，"致良知"。"致良知"，谈何容易！我们有肉团心，有思维心，但还是找不到自己的本心啊！连本心都找不到，怎么来"致良知"呢？我们应当通过学习阳明心学来把这些问题搞清楚。

王阳明确实从传统儒家、道家、佛家，为我们提纯出了非常有人生指导意义的思想精髓，因此他完成了立言。清朝的文豪王士禛，表彰他为"真三不朽"。为什么说王阳明是"真三不朽"？因为王阳明用一万的游勇散兵打败了宁王的十万叛军。从南京到安庆的这场战役，以及对广西、广东、湖南、江西匪患的平叛当中，反映出了王阳明的心法，是非常棒的。

遗憾的是，我们很多时候讲阳明心学，是从思想和哲学的层面上来讲的。我们很少去研究一下，王阳明作为一个儒生，为何能够出神入化地领兵打仗。这是因为他的心性修炼成功了。

阳明说"此心光明，亦复何言"，它对我们最大的启示是：天地的精华孕育了我们，无论怎样贫困潦倒、不得志，我们都应该有"孔颜乐处"，都应该轻松快乐地度过自己这一生，而不应该郁闷、焦虑，患神经病。就是一无所有，你都可以很快乐。"一箪食，一瓢饮，居陋巷，人不堪其忧，回也不改其乐，贤哉回也！"这是孔子对颜回的赞叹。

颜回才活了三十二岁，很短。像我活了六十岁，都超出那么多了。所以能不能够在临死的时候，跟自己说"我死而无憾"？要想死而无憾，我们人生就要找到死而无憾的答案，对不对？因此，"此心光明，亦复何言"是非常棒的一句格言，对我们有很大的启示。

二、格物是参悟的过程

"格物致知"的内涵和外延是什么？一般认为，"格物"就是观察、思考、分析、判断，找到事事物物后面发生演变的规律。

在一个和尚眼里，什么是格物？就是参悟。不管是游山玩水，拜访名师，还是看经打坐，整个格物的过程，就是一个和尚参悟的过程，就是一个和尚开悟的过程。开悟不一定非要看佛经，开悟也不一定是在禅堂里头。事事物物，都可以让我们发明自性。这句话的含义是很深的，我只能够点到为止，希望能在你们当中找到知音。

"格物致知"，是从《大学》第一章里脱胎出来的。"大学之道，在明明德，在亲民，在止于至善"。这在儒学里称作"三纲"，儒学的三条大纲。我们为什么要读书？我们为什么要做官？就是为了"明明德"。如果我们"明明德"了，我们就拥有整个宇宙，也就是陆九渊写的"吾心即宇宙，宇宙即吾心"。

如果你的心是迷闷的、愚蠢的、险恶的，你得到的一切东西都是假的。只有当你的心处于最清静、最光明的状态的时候，才能体悟"吾心即宇宙，宇宙即吾心"。

朱熹讲的"格物致知"，把王阳明害得很惨。那时候，所有的读书人都要按照朱熹的《四书集注》来参加科考。

王阳明学了朱熹的"格物致知"，在他爸爸王华的房子后院有一片竹子，他就在那里格竹子。因为他小时候有肺病，格竹子格得急火攻心，又受了潮气，就吐血了。在这时他就对朱熹的"格物致知"产生了怀疑。

我们首先要了解一下朱熹的"格物致知"是什么。讲南宋的朱熹的时候，我们不得不谈到北宋的程颐和程颢。程颐、程颢和朱熹被统称为"程朱理学"，他们是一脉相承的。我们在讲陆九渊、王阳明的时候，称之为"陆王心学"，他们是一脉相承的。虽然同样都是"宋明理学"，但是有两条不同的发生、发展的脉络。

二程和朱熹的"格物致知"用两个字来概括，就叫"穷理"；用四个字来讲，叫"即物穷理"。比如说这串念珠是一颗珠子、一颗珠子串起来。如果没有线串起来，它没有经线，就不能成为一串念珠。这串念珠的后面一定有一个理。

就以念佛人来说，你在这里念佛干嘛？念佛要达到的目的是不是要静心，要去西方极乐世界？它后面都隐藏着一个理。我现在拿着的这个杯子是圆的。杯子为什么是圆的？因为圆周率3.1415926，它的后面有一个理。

其实王阳明对朱熹还是有误解的，他并没有系统全面地领会朱熹的思想。误解在哪个地方？

朱熹很像一个大学教授，他要给学生讲课，就必须条分缕析，由外而内，由宏观到微观。他讲"格物致知"，讲外在的事物，每一物后面都有一个理。这不是一般的理，实际上是道。每一件事物的后面都有它自己的道。二程和朱熹认为事事物物后面一定是隐藏着一个道。我们通过这些现象悟到了事物的本质，就可以解决生命的很多的问题。

但是王阳明认为"格物致知"的终极关怀是"致良知"，是找到自己的良知良能之所在。儒者应当按照《大学》所说的三纲八目完善自己。三纲是明明德、亲民、止于至善。八目是格物、致知、诚意、正心、修身、齐家、治国、平天下。作为一个学者，作为一个修行人，你要做的第一步必须是"格物致知"。

如果没有"格物致知"的工夫，或者"格物致知"的工夫走向歧途，就会陷入困境。比如说我们今天谈的佛教，由于我们的慧根不足和传统文化的丧失，缺乏正确的"格物致知"工夫，出现了浅表化、窄化和学术化。

"浅表化"就是搞一点道德抚慰，并没有解决生命本源的问题。我们把它叫"心灵鸡汤"。当然你没有鸡肉吃，喝一点汤也不错，但是你不要喝"毒鸡汤"。你喝了"毒鸡汤"的话，可能要进安定门医院了。浅表化是不能够解决人类发展的问题，不能够解决生命本源的问题的。大家在信仰某种宗教的时候，要注意不能够浅表化。

什么叫"窄化"？不读圣贤书，不读三藏十二部，只念一句阿弥陀佛，或者盘腿往那里一坐，就想往生，就想开悟。如果成佛那么简单，那么省事，天下的人不都成佛了？人类的文化和思想发展到今天，汇聚了古人的智慧，你怎么可以漠视呢？这就是窄化。你走的这个路太窄了，钻进死胡同了。

还有一个更严重的就是学术化。人类走到今天，不能够没有学术，但是如果为学术而学术，而忽略了生命的状态，而没有对我们的心灵起到解放作用，那么他的学问是僵死的学问。与其投入一生的精力去搞这些学问，还不如没有文化，当一个种菜的农民，至少看上去很舒服。

但是社会走到今天被制度化，被量化了，我们真的把心丢了。我们为了发展经济，为了升官发财，真的把自己那个原本与天地共生的活泼泼的心丢掉了，多可惜呀！如果你能够明白，你不后悔吗？阳明心学可以对我们的心理和行为做出很多的调整。

王阳明非常聪明，他在"致知"中间加了个"良"字，格物的最主要的目的是"致良知"。如果一个人了解了"良知"的边界和内容，那么富也没关系，穷也没有关系。在孔孟的文章中，经常表达这一观点。

阳明心学毕竟是一门学问，它的后面隐藏着佛学、道学和儒学。如果没有儒学的基础，你听的时候可能比较烧脑。但是没有关系，因为学习的过程，不是一个功利的过程，能够听多少就听多少，并且后面有PPT，我的博客上有提纲，而且网上也有我在吉首大学讲阳明心学的视频。如果你感兴趣的话，可以去学。

关于"格物致知"，在王阳明的《传习录》和《王阳明传》当中，有一个非常精彩的典故叫"岩中花树"。王阳明有一次回乡探亲，他的很多学生仰慕他的学问和名声，就跟他一起回到了故乡。在读书之余，他们就到会稽山去游玩。走到山路上，突然看到山崖上长着一株盛开的杜鹃花，非常美。他的学生就问："天下无心外之物，如此花树，在深山中自开自落，于我心亦何相关？"

"心外无物，心外无理"，这是阳明心学很深奥的一个地方，与佛教说的"万法唯心，心生万法"，有异曲同工之妙。学生问："如此花树在深山中自开自落，于我心亦何相关？"山上开的那个花，无论我们来不来，它都在那里开着，那你怎么能够说心外无理，心外无物呢？你的学问不就是主观唯心主义吗？

大家注意，长期以来，虽然阳明心学在整个东北亚非常繁荣昌盛，但是在中国，朱熹的学问被批判为客观唯心主义，王阳明的学问被批判为主观唯心主义。我们就要带着问题学了。"你和我没有来的时候，那个花就在山上开着，你凭什么说心外无理，心外无物呢？"你用一个烦恼的心，用一个粗俗的心，能够理解这句话的意思吗？你如果能够理解这句话的意思，我不敢说你是大开悟，至少说你是小开悟。那是非常不容易的！

王阳明回答得非常好，你们听了以后，可以把它记在心中，像和尚那样参悟一下。他说："你未看此花时，此花与汝心同归于寂；你来看此花时，则此花颜色一时明白起来，便知此花不在你的心外。"这个"寂"表示寂然、清寂、寂寂，是一种生命的状态。

就好像家里的梳妆台，我们把镜子擦得干干净净，当我们不照镜子的时候，镜子的镜面是不是处于一种自备光明的寂的状态呢？因此，神秀说："身是菩提树，心如明镜台，时时勤拂拭，莫使惹尘埃。"六祖慧能来得更彻底，不但把牛拉走了，还把橛子也给拔了。他说："菩提本无树，明镜亦非台，本来无一物，何处惹尘埃？"

王阳明说："你未看此花时，此花与汝心同归于寂。"关键词是"寂"。《清净经》讲到人生和宇宙的本来面目的时候，用这样的文字来描写，"湛然常寂"。悟得多深啊！佛经里谈及我们人生和宇宙的本来面目，认为最精微处是"寂而常照"。"寂"是我们的心体，"照"是我们的般若自性。

孟子说人性是善的，他讲到心的四端，即是恻隐之心、羞恶之心、辞让之心、是非之心，讲得很细很深，一般的老百姓是听不懂的。老百姓听不懂，并不等于说老百姓没有良心，也不等于说老百姓没有良知良能。

孟子是怎么讲良知良能的？一个小孩爬到了井边，马上要掉到井里去了。任何一个大人看到以后，在第一时间，第一个念头一定是把这个孩子赶快救过来，不要让他掉到井里去。他说那就是良知良能，那一念就是人的良知。

但是令人悲哀的是，我们的法律、道德、文化、经济、科技发展到今天，如此昌明，但是一位老太太摔倒以后，我们不敢去扶了。然后我们还在辩论是打 119 还是打 120，是不是要录着相再去扶。这就奇怪了，社会发展到今天，人反而把良心丢了。

在漫长的封建社会，人的良知良能，人的良心都是存在的啊！今天为什么把问题搞得这么复杂了？我们真的把心丢了。当然，把心丢了之后，会有各种状态。有的人是郁郁不得志，把心丢了；有的人是富得流油，把心丢了；有的人是到处碰壁，就郁闷了；有的人太容易成功，就甲亢了。总而言之，我们的身心疾病都和优秀传统文化的缺失有某种直接和间接的联系。

王阳明讲的"岩中花树"，不但在哲学上，在美学上，而且在心理学、社会学上，都有非常重要的贡献。懂得佛学的人，可以更好地领会"岩中花树"，惊叹其异曲同工之妙。

如果把孔子和王阳明相比，王阳明是真正的哲学家，他解决了人心本体的问题，而孔子没有解决。《论语》说："子不语怪力乱神"，"未知生，焉知死"，"敬鬼神而远之"，只是要求好好地遵守"仁义礼智信"，按照"仁义礼智信"去做人。如果我碰到孔子，我要问他一句："你说的很好，我们的社会和人心是需要仁义礼智信的。但是我如果按照仁义礼智信去做，我死了以后是否全部归于虚无？我一辈子克己复礼，遵守道德，那我最后的结果是什么呢？"

我死了以后，会留下什么？孔子可能回答我们："会惠及你的子孙"。但是我的子孙和我生命的个体并没有直接的联系啊！他是他，我是我啊！所以说孔孟之道并没有解决我们人生和宇宙的实相的问题。而佛学和道学会来解决生命的终极关怀和人生宇宙的本体论的问题，实相的问题。

我们现在再回到佛教。佛教要求一个和尚深入经藏，参禅打坐，广泛参学，以达到开悟的状态。六祖慧能用"五自性"来回答这个问题。"何期自性，本自清净"。垢和净是对人的价值判断。当我们讲善和恶，垢和净的时候，我们一定有一个参照物。但是对一个悟道的人来说，"其小无内，其大无外"，并没有一个参照物，道是"寂兮寥兮，恍兮惚兮"的一种状态。有很多人读书或者是学儒学，学得傻乎乎、死呆呆，原因是他没有打开自性。他接受的是宗教的教条和包装，他的自性没有得到解放，所以他越学离道越来越远了，欲求弥远。

"何期自性，本不生灭"。人世间的事情有生有灭，但是我们的自性从来没有生灭。这不就是寂的状态吗？"何期自性，本自具足"。我们生在天地之间，自性当中本来就有佛性，本来就有法性。在愚没有减少，在圣没有增加。"何期自性，能生万法"。这山河大地、语言文字、社会宗教，都是我们心里生出来。

佛教为什么说"心生万法，自性本具"？这时候我们就要讲到另一个问题。传统文化不是二分法——"你和我""物质和精神""心和身"的二分，它有一个整体的认知，叫"心物一元"。当问到生命的本质的时候，"心"和"物"是一个，不是两个。

对于这个"心"，我们要从两个角度去解释。佛教讲"心"是真如，是佛性，是法性，是涅槃。它在不同的语境当中，给出的概念是不一样的，但是它要表达的意境是高度一致的。比如说面对生死讲涅槃，面对烦恼讲菩提，面对物质讲真如，如面对人生讲佛性。最后的意境是一致的，只是面对不同的语境，说出不同的答案。

儒家是如何来认识这个"心"呢？孟子说："养浩然正气"，"贫贱不能移，富贵不能淫，威武不能屈"。陆九渊说："吾心即宇宙，宇宙即吾心。"张载说："为天地立心，为生民立命，为往圣继绝学，为万世开太平。"什么是儒者的心？如果没有被学历、官位、名利染污，儒者的"心"即是天心。

人的心从哪里来？人的心的原本是从天地那里来的。我们四大假合的身体是物质世界，这没有问题。

我们那个灵灵明明的心是什么？是天心。天心是什么？天心就是"公心"，在佛教里就叫"无我"。一个人进入"无我"的状态，了解了天心，学达性天的时候，他就获得了整个宇宙的能量，这就是"吾心即宇宙，宇宙即吾心"。只有讲到"心物一元"的时候，才能够讲清楚"山河大地"都是从心里头生出来的。

如果你现在执着于升官、发财，那么你还有一个"私我"。当你有"私我"的时候，你是不能够参赞天地化育的，你也是不能够学达性天的。即便你像和珅那样富有，甚至拥有了皇帝的地位，你也是不能够学达性天的。

康熙帝曾给岳麓书院、白鹿洞书院等处御赐匾额，书有"学达性天"。在儒家的文本当中，由凡夫达到天的境界的程序，可以用一句话来概括，叫"凡希士，士希贤，贤希圣，圣希天"。我们今天在墙上刷了很多的标语，说"你要这样，你要那样"，那是道德说教。儒家所建立的道德，是和整个天道挂钩的。

对于道家而言，"天心就是无我的心，就是无私无欲的心"。因此，《道德经》里面说"天地不仁，以万物为刍狗"。春夏秋冬的来临，不会因为你的喜怒哀乐而改变。你高不高兴，春夏秋冬都会来，地球都会这样在运转。

我们慢慢地去悟这个道。悟了这个道，生命的时空感就不一样了。一个人悟了道，一天可能就是一年，一年可能就是一千年，一千年可能就是一万年。一个人如果把自己的心灵关在一个很小的匣子里，那么你的生命就被你缩短了，被你压缩了。

现在有学者提出了生命的维度。我们为什么要求道，学道，证道？就是为了进入更高的维度。这时再来看我们的生命，就会有一种通透的、豁然开朗的感觉。对现代人来说，这一点是非常重要的。不管是做学问还是信仰宗教，一定要让生命进入一个较高的维度，而不要营营于自我私利，得到了就高兴，失去了就痛苦。过去的儒者对这些都不屑一顾的，而是"先天下之忧而忧，后天下之乐而乐"！

我发现：古人当官，当得好滋润啊！官也当，文章也写，诗也写，字也写得不错。人家把他流放了以后，他照样写诗，照样画画。他既没跳楼，也没抑郁，更没有自杀。古人当官当得好有味道，当然古代的和尚和道士当得更有味道！如果和尚当得没味道，你要好好地反省自己，是不是添加剂和雾霾弄多了？自己要反省了，不要辜负了此生，不要自己辜负了自己！

三、心学的实践论

我们下面谈阳明心学第三个重要的节点——"知行合一"。关于这一点，《管子·内业篇》和《管子·白心篇》里面讲的意思，和佛经如出一辙。《白心篇》讲到人心要进入到一种无我的状态。《内业篇》讲到世间本来没有恶业，只是因为人的贪欲和私心造了很多的恶业，染污了自己的心！管子竟然和释迦牟尼佛讲的意思同出一辙。不过管子是一位大臣，着眼于治理朝政，他不像释迦牟尼佛那样专业弘法，说法四十九年，讲经三百余会。但是他的《白心篇》和《内业篇》说得非常棒。当然，黄石公的《素书》以及《太上老君说常清净经》，对我们理解阳明心学也是非常好的参考资料。

关于"知行"的问题，最早流行的观点是"知难行易"。为什么这样说呢？这是有具体语境的。古代的文本尤其像《黄帝四经》《黄帝内经》《道德经》《素书》这些"天书"，一般收藏在皇宫里，普通人很难知晓其内容。

"知易行难"，一方面是因为思想文化没有这么繁杂，另一方面是因为人心特别纯善。古代的人心，纯善到什么程度？就相当于没有 GPS 导航，我们去问路，说："我去药山寺怎么走啊？"路边上的农民说："你从这往前走，拐个弯就到了。"古代人问了道，就去行道，就这么简单。后来官学失守，流落民间，这时就如《尚书》里提到的"知易行难"。到了孔子时代，常出现"空知不行"的情况。

到了北宋五子，即周敦颐、邵雍、张载、程颢、程颐时期，他们强调"知行并重"。"知道道理"和"去做"同样重要，"如鸟之两翼，车之两轮"。这句话从哪里来的？是佛经里来的。天台教义说要"解行相应，知行合一"，"教观二门如车之两轮，鸟之两翼"。

王阳明提出"知行合一"，他有两句话，大家要牢牢地记住。

第一句：知是行之始，行是知之成。比如从我看了洗衣机的说明书，到我去使用洗衣机，这个过程是高度统一的。人是观念性的动物，人是心灵性的动物。一个人根本不懂得当官、经商、做学问和信仰宗教的道理而盲目地去做，那只能用两个字来概括：傻帽。我们肯定是要知道事物的道理和原理，然后才去做。这样一来，知和行怎么能够分成两截呢？王阳明在《传习录》里一再强调"知和行不能够分成两截"。

第二句：知是行的主意，行是知的工夫。你知道某件事情的内在原理，就有了行动的主意。这个主意是谁拿的？是心拿的。佛教叫念头。你知道修行能够断烦恼，知道念经能够静心，知道求学、当官、经商能够拥有资源，那就有了做这些事情的主意。所以说"知是行的主意"。这对理解"知行合一"是非常重要的。

当然，我在这里讲"知行合一"，还有第三层意思。当整个社会和人类进入一种道的状态，比如进入尧舜禹的时代，"知的也是道，行的也是道"。我知道药山寺的路和我来药山寺，这当然是一件事，不是两件事。这不就把"知行合一"说得很清楚了吗？

尤其在当今社会，大家注意，人是观念性的动物。拥有优秀的观念、成功的观念，就成功了一半。如果你的方向是错的，你的观念没有经过提纯，甚至是不正确的，你干了也白干，你说了也白说，你拿了也白拿。有很多人工作三十年，最终白说、白干、白拿。为什么呢？因为他最后进了秦城监狱，就等于白干了！

同时我要强调，王阳明讲的"知行合一"和佛教讲的"解行相应"，都是自我生命的完善。你不要学了阳明心学，回到家里指着老婆说，"你要知行合一"；也不要回到家里跟你孩子说"你要知行合一"。而应当是你自己要"知行合一"！因为"知行合一"是一个人的内在修养，是一个人最直接的内在工夫，而不能拿来当教条，告诉别人"你要知行合一"。一些大学的老师把"知行合一"贴在教室，其实没有意义。"知行合一"是个体的，一定要知道它是个体的一种修养。

与"知行合一"相关联的概念是"理论与实践"。我们只要学过马哲，都会知道"理论与实践"，从感性认识到理性认识，从社会实践到社会理论，再用社会理论去指导社会实践，周而往复，螺旋式地上升。当社会发展到今天，一个国家、一个团体，必须理论先行。如果没有完整的理论架构，这个团体是没有办法长期发展的。因此必须要有完整的理论，然后再进行社会实践。可见，"知行合一"是个体的，而"理论与实践"的学术边界要宽得多，它是一个整体的社会实践的过程。

我为什么要跟大家讲这个？我是怕大家把王阳明的"知行合一"和社会科学当中的"理论与实践"混为一谈。一定要牢牢的记住，"知行合一"是个体的。你不能要求某个团队"知行合一"，你只能要求某个人"知行合一"。我们不能够指着一只猫说"你怎么没良知啊"，却可以对一个人说"你没有良知"。你说人可以，但不能说猫，不能说狗。

但是佛教在这一块就很宽。"四生六道"皆有佛性，狗子也有佛性，它的理论范围比较宽泛。我们讲的"知行合一"和"致良知"，还是在儒学的土壤上提纯出的一种对心本体的认识，对宇宙本体的探讨，并没有超出儒学的范畴，因此可以被称为"新儒学"。

"知行合一"，无处不在。为什么后来把"知行"分成了两个，问题出在哪里呢？这是因为很多的儒者通过"学而优则仕"进入官场，为了获得上级或同事的认可，伪装自己，这样一来，在社会上就出现了比比皆是的"知行"不能够"合一"的状态。因此王阳明提出了"知行合一"。

如果非得要说，那么"知"和"行"哪一个更重要？我现在的回答是肯定的，"行"比"知"更重要。因为任何个人和团体，其理论知识，最终是用来指导生命与社会实践的。如果脱离了生命与社会实践，仅仅是为知识而知识，为学问而学问，那么知识和学问是没有意义的。总之，在今天我们的社会教育和管理当中，应当特别强调"行"和实践的重要性。

再比如说，我们弘扬传统文化，都会讲到"孝道"。孔子谈孝，着眼于亲亲，尚在血缘关系的范围内。孟子、子思谈孝，是把孝当成道的重要表现形式和组成部分来谈的。中国传统文化有自身发展演变的过程，大家学习时，要注意理解。

到了汉代，董仲舒在讲"孝"的时候，往下是给老百姓安心，往上是给皇帝立命。皇帝作为天子，对于上天应当敬畏。如果缺少对天道的敬畏，就会成为纣王那样的人。我们信仰某种宗教或学习优秀传统文化的时候，尤其应当体认"孝"。如果你对父母不孝，却说自己"知行合一"，这是要大打折扣，甚至会贻笑大方的。

四、致良知的道德起点

先讲"致"。"致"是通过实践达到，是一个动词。"良知"是一个名词。要把良知讲清楚，真的有点烧脑。我们说一个东西很好，我们用一个"良"，对吧？但是王阳明讲的"良知"，它有很深的蕴含。

他讲的良知有两个理论要点。第一个，它是先验的，不需要任何人来验证。就像我刚才讲的"见孺子将入于井"，它体现的恻隐之心是先验的。再举一个例子。假如把一个孩子养到深山老林里，当他长大后走到山外；你让他当众把裤子脱掉，他一定会害羞的。人的羞恶之心也是先验的。

孟子说我们的心有四端——"辞让之心，羞恶之心，是非之心，恻隐之心"。看到隔壁人家失火了，我们心里是不是觉得不好受？你不能看到人家撞车了，你还站到旁边笑。2012年，时任陕西省安监局的杨达才在延安特大车祸现场面露微笑。他没有恻隐之心。相关图片在网络热传，引发愤慨。杨达才很快被查。

人的良知良能发而为心的四端。人会同情人，是因为我们具有先验的良知良能。王阳明初到龙场驿站，当地有一个恶霸，三天两头去欺负王阳明。这个恶霸被王阳明逮住了。在这个恶霸被审问的时候，他害怕得身上冒汗。王阳明说："天这么热，你就把上衣脱了吧。"那个恶霸就把上衣脱了。王阳明说："不行，你还在冒汗，把裤子也脱了吧。"恶霸把他的长裤也脱了，光剩裤衩了。王阳明说："天还太热，你把裤衩也脱了吧。"那个人却无法再脱。王阳明说："你虽然十恶不赦，蛮横无理，但是你还是有着羞恶之心。"

这个故事说明人的良知良能是天赋的，是先验的。它既不是读书读来的，也不是别人用法律震慑来的，用道德教育来的，而是原本就有的。

王阳明说："无善无恶心之体，有善有恶意之动，知善知恶是良知，为善去恶是格物。"你们比较一下孟子的"四心说"和王阳明的"四句教"，可以发现其间有差异。孟子的"四心说"称我们的心原本就是善的，而王阳明则告诉我们：心的本体是没有善恶的。"无善无恶"，像一汪清泉，没有放糖，也没有放药；像一面镜子，上面没有黑点，也没有白点。

"无善无恶心之体"。当我们讲到这里的时候，你会发现，这像是一位悟了道的人说的话。《心经》里说"不生不灭，不垢不净，不增不减"。慧可断臂求法，说："我心未宁，乞师与安。"达摩说："将心来，与汝安。"慧可说："上下内外觅心，了不可得。"达摩说："吾与汝安心竟。"

王阳明作为一位哲学家，他的主要贡献是什么？他把孟子的"四心说"又往前推进了一大步。人心不再是"瓶装水"，而是"矿泉水"，上接人性和宇宙的本体，这是一个非常伟大的哲学贡献。

这一点不同又是从哪里来的？王阳明和道人、和尚有广泛的交集，他在佛学这里为儒学找到了本体论。这是非常重要的一个学术贡献。

六祖说："何期自性，本自清净；何期自性，本不生灭；何期自性，本自具足；何期自性，本不动摇；何期自性，能生万法。"大家可以把王阳明的"无善无恶心之体"和六祖慧能的"何期自性，本自清净"互做印证，他们都在说一个更本质的东西。

"良知"和"佛性"到底是什么关系？"良知"是对人说的，它的使用范围和尺度是非常窄的。你只能说某个人有良知还是没有良知，或者说某个人的良心泯灭了。"佛性"是非常宽泛的。狗子也有佛性，"四生六道"都有佛性，"一阐提"也能够成佛。对人讲佛性，对物质世界讲法性，对于本体论的认知讲真如，讲的都是佛性。显然，它的含义比"良知"更加深广。

但是大家要清楚，一个有佛性的人一定是有良知的人，同样一个有良知的人一定是有佛性的。就像一滴水可以反映大海，海面上可以泛起一朵朵生命的浪花。虽然它们的深度、广度不同，但是"良知"和"佛性"是有深层链接的。

我们不能说一个人有良知，没佛性；也不能说一个人有佛性，没良知。良知一定是在人身上呈现出来的。"大学之道，在明明德，在亲民，在止于至善"，其中的"明明德"就包含了良知。《清净经》说："人能常清净，天地悉皆归。"它指的既是佛性，也是人的良知良能。

五、圣贤皆从困苦而出

"圣贤皆从困苦而出"，作为一个成熟的社会认知，它具有心理学和社会学上的指导意义。一般人的生命有三种状态。第一个是"离苦得乐"。大家都不愿意受苦，愿意乐，离苦得乐。第二个是"贪生怕死"。人们都希望长寿，贪生怕死。第三个是"趋福避祸"。谁也不愿意自找麻烦，都希望过清静自在的生活。"离苦得乐""贪生怕死"和"趋福避祸"，是正常的人类生命的三种状态。

但是王阳明的经历与此不同。弘治十二年，他 27 岁时考上了进士；正德元年，因为触怒刘瑾而被撵出来，流放到贵州修文龙场驿站这么偏远的小地方。在这里，他给自己立了一个题目：我一片丹心报国，现在却落到这个地步；如果圣人也落到我这个地步，他会做何感想？

儒学中有一个典故叫"孔颜乐处"。孔子被困在陈蔡之间，吃了上顿没下顿，但他和弟子"弦歌不辍"，继续讲学。这是孔子的乐。"一箪食，一瓢饮，居陋巷，人不堪其忧，回也不改其乐"，这是颜回的乐。为什么孔子、颜回面对生活的困顿，能够这么地清净自在呢？这难道不应该引起我们的思考吗？这就是"孔颜乐处"，它对重新建构自己的生命是非常有意义的。

刘瑾败亡后，王阳明重被任用，他在广西、广东、湖南、江西一带平定匪患，用一万的游勇散兵打败了宁王的十万叛军，战功卓著。结果因为武宗好大喜功，奸佞逢迎，强加给阳明"结交贼人""假冒军功"等四条罪状。

王阳明是怎样面对的呢？他没有伸冤，也没有打小报告，甚至没有给自己做任何的解释。他拐道上了九华山，找蔡蓬头论道去了。王阳明和蔡蓬头的关系是很有意思的。王阳明每一次困顿的时候，都去九华山后山找蔡蓬头。

生命要经过历练。面对一个没有心理历程的人，一个没有故事的人，一个没有经过生命历练的人，你怎么和他论道呢？他不是你的知音，你当然不能和他论道。

正德九年，阳明任南京鸿胪寺卿，"始专以良知之旨训学者"，从此开始，到57岁"天泉证道"的这一段时间，是"阳明心学"迅速成熟的时期，有很多的学生不远万里拜到了他的门下。其中就有你们常德一个非常了不起的人物，叫冀元亨。

冀元亨于正德十一年中举，从学阳明。宁王笼络阳明，阳明不得已，派冀元亨前去讲学。后宁王事败，张忠、许泰等人欲诬陷阳明"结交贼人"，逮捕冀元亨，严加拷打，"加以炮烙"，但是冀元亨始终没有背叛自己的老师。这就是湖南人的血性，真的是很了不起的！

阳明说："孔孟的一滴骨血，我是从千难万险当中得来的。"什么叫"一滴骨血"？这不是给你发一张北大、清华的文凭，也不是像和尚一样给你一张度牒。孔孟是圣人，他们的"一滴骨血"是圣圣相传的心法。后儒从哪里可以得到这滴骨血呢？

关于这一课题，儒学史上曾有一场著名的辩论。吕祖谦是浙东学派的代表人物，他把朱熹和陆九渊、陆九龄邀集在一起，到江西上饶的鹅湖书院辩论，辩论的中心议题是"为学之方""教人之法"，他们辩论了三天三夜。

朱熹主张通过社会实践和治学发明自己的心。陆九渊、陆九龄兄弟，与和尚走得很近，读了很多的佛经，主张发明本心。他们说：尧舜禹时期，没有经书可读，没有学问可学。在当时，尧舜禹的道德感召天下，他们是从哪里学的？只能是本自具足的。朱熹不同意，认为这一观点是禅宗的，不是儒家的。陆九渊则说朱熹"破碎支离"，"不见道"。这场辩论在儒学当中叫"鹅湖之会"。

但是结果是非常好的。后来朱熹把陆九渊、陆九龄请到庐山的白鹿书院去讲学，这是儒学的一次大的交流和融会贯通。像《诗经》上说的，"如切如磋，如琢如磨"，双方都有进益。我们的学问一定要如切如磋，我们的人品和修行一定要如琢如磨。

王阳明说"吾独得孔孟一滴骨血"，他是怎么得到的？这滴骨血是从"三皇五帝"传下来的大道的根本。假传万卷书，真传一句话。真传一句话也是废话，真传的是心法。心法是没有办法传授的。没有办法传授的心法，王阳明是怎么得来的？

他在龙场悟道的时候，在旁边给自己放了一口棺材。他像和尚闭关一样，参禅打坐，"我不开悟，就不出关"，"我把这句话参不透，我就不起来"。一天夜里，他突然"开悟"，说"良知本具"。"良知"在人心中本来就具足，所有的教育、语言、文字都是后来附加的，并非人原有的本心。因此阳明心学那一滴骨血是与孔孟心心相印而来的，和语言、文字没有关系。

在佛经里，要破除文字障、知见障，认为开悟的人的心灵是"一尘不染，一法不立"的。"一尘不染，一法不立"，禅宗要人把嘴挂在墙上，开口即错。当一个人彻悟了人生和宇宙本体的时候，是不能够用语言表达的。我们的语言是两维的，有所言，就有所不言。《道德经》开始就说："道可道，非常道；名可名，非常名。"老子清楚地认识到：给大家讲道，就会让大家产生误解，因为道是不能够言说的。

嘉靖六年（1527）九月，阳明受命征思田。行前，夜坐天泉桥上，钱德洪、王畿各以所见请益。二人各持一端，已经开始出现分裂了。

王畿认为，心体如果无善无恶，则心体的发用也是无善无恶的，由此提出心、意、知、物的"四无说"。钱德洪则认为，心体虽无善恶，但被习染所侵，便有善恶存在，所以必须为善去恶，以恢复心之本体，提出所谓"四有说"。阳明指出：二人各有所偏，应当"相资为用，不可各执一边"。他进一步提出"四句教"，即"无善无恶心之体，有善有恶意之动，知善知恶是良知，为善去恶是格物。"

无善无恶心之体。这是开悟的境界，讲的是人生和宇宙的本来面目。当然，我在这里告诉大家，王阳明只是开悟，并没有完全证悟；因为证悟的人，对于自己的生死，是非常潇洒的。

有善有恶意之动。这是对意识现实的描述。当你面对外界的事物，甚至静坐时，都不可避免的产生意念，在这些意念中，有善念，有恶念。

知善知恶是良知。在意念的后面有一个心灵的坐标。这个坐标，自然知道善恶。"知善知恶是良知"，这个坐标是人先天具有的良知。我们对于人间的善恶、是非的判断，是我们的良知在起作用。

为善去恶是格物。这是修行最要紧的地方。关于"格物"，朱熹讲的是"即物穷理"，认识事物；阳明讲的是"去其心之不正，以全其本体之正"，实际上是"存天理，去人欲"。

下面讲一下宋明理学家主张的"存天理，去人欲"。朱熹的"去人欲"有两个理论的支撑点。第一个，当时有些官员贪得不得了。朱熹看到这个情况以后，就告诉这些人，你们要把过多的欲望去掉。人们穿衣吃饭，生儿育女是天理，是很合理的。但是过多的欲望，那些贪婪的欲望，应当去掉，这叫"去人欲"。

第二个，"去人欲"的目的是什么？是"存天理"。天理就是道，人的言语和行为应该符合于道。那些官员的贪欲已经把自己的心和外在的环境完全染污了，朱子、阳明才说"去人欲，存天理"。但是，有些学者把它改成了"灭人欲，存天理"，由此造成了很多的误解，带来太多麻烦。

在中国的翻译史上，也有类似的例子，有一些甚至影响了一代人。比如达尔文的进化论，严复在翻译《天演论》的时候，翻译成了弱肉强食这样一种观点。这是翻译上的一种差错，却影响了一代人的思维。

达尔文的进化论说："我在格林兰岛的考察当中，发现了生物进化的证据，就是弱肉强食、适者生存，但这一法则不适合灵长类的人类。我想人类应该是互帮互助，扶弱济贫的。"严复在翻译的时候把后面这一段话去掉了。因此，现今的企业家在商场上就开始学什么"狼文化"，学什么"老虎文化"，学什么"狮子文化"，认为自己能够打，能够杀，能够把"肉"抢过来就是对的。如果真的按照这种理论去做，还能称其为人吗？那样的话，你应该到森林里去，为什么还在城市里生活？

由此可见，治学一定要像《易经》里所说的洁净精微。同样，信仰某种宗教，学习某种文化，也必须要洁净精微，而不能囫囵吞枣。囫囵吞枣很可能贻误终生。你接受了某种错误的教育，你这一辈子就报废了，因为那个说明书就是错的。

像《道德经》《阴符经》《黄帝内经》和《六祖坛经》《金刚经》，这么好的人生说明书，你为什么不看？你为什么要看《厚黑学》呢？现在的人就爱学坏，这很奇怪，他们的观念和文明是背道而驰的。

因此，我们在学阳明心学的时候，要找到一个心灵的出发点，在任何情况下保持自己的良知良能，进而致良知。同时，在任何艰难困苦的情况下，不怨天，不尤人。

什么人能够不怨天，不尤人？识性达命的人才能够不怨天，不尤人。古代那些高僧高道，历经磨难，依旧保持了心灵宁静。

反之，一个人如果因为不得志，总是怨天尤人，说明这个人已经有了心理疾病；那就是抑郁症和精神病的早期症状，就要特别小心了。

在这样一种社会转型时期的激烈的竞争面前，如何让自己保持良知良能，能够为善去恶，能够格物？这就需要格除自己的物欲，格除自己的私欲，让这一期生命光明磊落地活在人世间。

我认为，阳明心学不但有社会学的意义，还有心理学的意义。它作为社会学的落脚点就是"知行合一"。它作为心理学的落脚点就是"事上磨"。

学习任何一种知识和理论，一定要在人世间的九死一生，千难万险当中去磨砺自己。磨砺出来的知识才是真知识。凡是通过自己的脑袋瓜子想出来的知识，书本上看来的知识，都是虚伪的知识，它不是真正的知识。真正的知识是不脱离人生的困境和险境的。

基于以上的理由，我觉得将阳明心学称为心法，是完全合理的。一个人把阳明心学学懂了，他生命所有的意义和价值就会完整地呈现出来。

六、答疑解惑

听　众：阳明说，良知本来就彻天彻地。那么，我们在心上依良知而行，或者说我们用诚意去致良知，是不是就可以炼就我们的心性？

雪　亭：首先要说，这是一个经过读书和学习以后的人问的问题。我可以很直接地告诉你，刚才你在问问题的时候，就已经给了一个完整的答案。我们讲的"良知"，讲的"诚意"，是一码事，不是两回事。如果想更加细致地理解，我们就简略做一下分析。

《中庸》里说"诚者，自成也"，"诚者，自明也"，"诚者，天之道也；诚之者，人之道也"。天地在造化、生成"人"的时候，为我们的心安了一个"镜片"。它本身就是干净的，本来就是光明的。圣人用"诚"来表示这种清净光明的状态。如果"镜子"上已经有了黑点，或者说有了污点，就不能叫"诚"了。整部《中庸》就讲了一个字："诚"。"诚"对人来说太重要了。

我在各种困顿当中能够光明磊落地走过来，一方面是由于佛学对我心灵的启发，还有一部分是因为道家的修养和儒学的积淀起到了很好的作用。因此，我认为一个学习佛法的人，其知识结构和文化结构非常重要；仅仅懂得佛学而缺乏相应的社会科学的知识结构，缺乏儒释道的文化结构，这座宝塔一定是盖不高的。

听　众：《尚书》讲"知易行难"，孔子反对"空知不行"，朱熹提倡"知行并重"，佛教论说"悟道与行道"，王阳明强调"知行合一"，这些"行"是一致的，还是有所差别？

雪　亭：如果笼统地回答，这些"行"是一个意思。这是毫无疑问的。如果细分的话，以六祖慧能为代表的禅宗所讲的"行"，是心上的工夫，更多强调的是心体。

当我们回到社会实践当中的时候，这个"行"的另外一个含义就是人生和社会的实践。禅宗的顿悟法门，认为一法通，万法通；一经通，百经通。求法者在一个地方开悟了，那么天下的万事万物对他而言都昭然若揭了。这显然是一种心性的工夫。而六祖慧能真的做到了这一点。

其他佛教宗派的人来拜访他，问的问题刁钻古怪，但没有一个能够把他问倒。这显然证明他是一个大彻大悟的人。作为一介樵夫，他讲到任何一家宗派、任何一部经典的时候，都没有离经叛道。这是非常了不起的！

一般的学人不是这样。比如，有人讲"唯识学"讲得头头是道，讲《涅槃经》可能就不行了；讲儒家讲得很好，讲道家可能就不行了。但是在整部《六祖坛经》中，我们发现：不管讲到儒家，讲到道家，还是讲到佛家，慧能都能够对答如流，称性而谈。这足以证明他确实是悟了，大彻大悟了。

显然，他有心上的工夫，心为法王。禅宗中，北方的"渐悟派"和南方的"顿悟派"有一个根本的分水岭。南方的"顿悟派"认为，一闻千悟，势如破竹，没有什么可以再商量的了。北方的"渐悟派"认为，今天明白一点道理，明天明白一点道理，后天再明白一点道理，由无数的小悟慢慢发展到最后的恍然大悟。

王阳明和朱熹的差异，与之类似。朱熹说："孩子，你好好学。今天学一点，明天学一点，总有一天，你能把心的本来面目找到。"王阳明说："没有什么理在外面，你心里都有啊！你把心洗干净了，不就啥都明白了吗？你不明白的原因就是因为你的心不干净。"

听　众："无善无恶心之体，有善有恶意之动，知善知恶是良知，为善去恶是格物"，这是王阳明对心的描述。是否可以认为，这与佛教《心经》对心的描述是一致的，可不可以这么理解？

雪　亭：我刚才说过，王阳明开悟了，但没有证悟。言外之意就是说：和孔孟相比，他对于心的本体有所觉悟，并且把"性本善"往前推了一步，认识到本心"无善无恶"。但是和《心经》讲的"不生不灭，不垢不净，不增不减"和《楞严经》讲的"七处征心"相比，尚有很大的距离，两者不可同日而语。

如果你顺着这个思路，再往前走，研读佛经，就会发现，佛在大彻大悟以后，从心理学、社会学和自然科学等角度描述宇宙与人生，都只是一种陈述，他不论述。他告诉你地球如庵摩罗果，有三千大千世界，一碗水当中有八万四千虫，人的生命是四大五蕴假合的，他没有推理的过程。但是在阳明心学里有很多东西是在说理，是在推理。由此可以证明，王阳明并没有大彻大悟，只是开悟而已。

听　众：王阳明说："佛氏著在无善无恶上，便一切都不管，不可以治天下，"您是怎么理解的？还有，《道德经》说"寂兮寥兮，惚兮恍兮"，老子体悟到的大道是不是跟佛陀悟到的实相有区别？明贤有一本书叫《中观见与道德经》，他讲到老子其实有点像辟支佛，是独觉的。对此，我想听一下您的见解。

雪　亭：这是一个宗教比较学的问题，也是一个非常宏观的问题，我在国学班也会经常被人问到。我想用《金刚经》的一句话回答你的问题。《金刚经》上说："一切贤圣皆以无为法而有差别"。

儒家讲的圣人和佛教讲的圣人，用的是一个概念，但内涵和外延大不相同。我们这样来看，以孔孟为代表的整个儒学，包括王阳明的心学，不管讲得多么的高妙，都不离开人间社会。

讲到老子，我觉得老子既是出世间的，又是入世间的，他所有的心灵行为更像是一位罗汉。

如果把儒释道放在整个宇宙的舞台上去比较，那么儒学是人间的灯火，道学是天上的星星，佛学是运行的日月。因为从哲学的角度来说，佛学的体系更加博大精深。到目前为止，还没有哪一个哲学系统，能够像佛学那样博大精深。这是我自己的一点学习和思考，供你参考而已。

听　众：刚才您讲到心为法王，讲到了渐悟和顿悟。但是关于"心的本质是什么"，我还没有太明白。我们在这里学习阳明心学，听完之后，我们还是要面临社会竞争比较激烈的情况。而在当下的这个社会，我们怎么样才可以守住自己的本心，让我们听经闻法以后过得更轻安自在？

雪　亭：你问的问题很现实，也是挺好的问题。我分两个层面来回答。第一个层面，学习儒释道的优秀传统文化。在学习、了解了儒释道的思想以后，我们的内心深处应当有一种建构。儒学讲"得之不喜，失之不忧"。佛教也告诉你，"不生不灭，不垢不净，不增不减"。言外之意就是，生灭、垢净、增减都是假象。你赔了、赚了，那只是一个现象而已。按照道学来说，"人法地，地法天，天法道，道法自然"。

人的一生当中当然有成功与失败，能不能娶个好媳妇，能不能够嫁个好男人，乃至于能不能升官、发财，会有不同结果。我们都应当尽人事而知天命。用《易经》的话，"天行健，君子以自强不息；地势坤，君子以厚德载物"，我们可以这样去做。

面对社会和自己的命运，我们要自然而然，不去强求。很多事，真的不能强求，比如说生男生女，比如说寿命的长短。你应该举一反三。

自然界有它的运行法则。这个法则虽然不被你所了解，不被你所掌握，但是你要知道，大自然有其伟大的、不被人所知道的一个平衡的系统。有男就有女，有公就有母，有阴就有阳，所以说"一阴一阳谓之道"。了解"道"的人，就特别清楚这一点。

因此，在经商、当官的时候，要尽人事而知天命，不可以强求。毕竟，人是社会关系的总和，一个人不能够离开自己的社会环境和自然环境而去做什么事情。好好学习儒释道的优秀的传统文化，用心地体悟大道，你可能就会活得更潇洒一点。

第二个层面，方法论。我们的心本身就很劳累。从妈妈怀胎的时候，我们的心脏就开始砰砰地跳，一直到我们最后闭眼的时候，心脏才休息。在人活着的时候，心脏就是一个"永动机"，一直在跳。如果你晚上不睡觉，或者让你的心脏受到各种各样的打击和迫害，弄得每天心神不宁，惊恐不安，那么你对自己的心就太残忍了。

所以我们必须要养心。如何养心？首先，理通则气顺。理通了，气就顺了。据统计，在得癌症的人中，抑郁症患者占到了 70%。理通了，气顺了，"精神内守，病安从来"？病就不可能到你身上，因为人本身就有营、卫之气充盈，它可以保护你的身体。

其次，要养心，要舒心。就像汽车，如果你光用它，不维修它，那么它今天断根电线，明天断个油路，后天掉个轮胎，就早早地报废了。大家可以用打坐来养心。

王阳明，不但自己在龙场打坐，而且在书院里领着学生打坐，还把学生领到庙里去打坐。现在江西吉安的净居寺有个阳明书院，王阳明任庐陵知县的时候，经常领着他的学生到庙里与和尚一起打坐。我现在不跟你说，打坐能够开悟，打坐能够不死。我现在只跟你讲，打坐可以养心。这是被医学和心理学大量案例证明的，不需要费太多的口舌。

最后，我劝大家多读《道德经》《心经》。《道德经》就是人生的说明书。你多念两遍《道德经》，按照说明书谨慎行事，人生就会平顺。如果心理不平衡，就多念《心经》。佛经就是开心的钥匙。

总之，念经就会开心，静坐就会养心。我们不应到了困苦的时候，再去临时抱佛脚。平时放假，抽时间念经、静坐，来给自己的手机关机、充电，那不是很好吗？

我从 2004 年离开佛教协会，一直到 2008 年，读了大量的佛经。我觉得这样很好。以前我想去的名山，因为忙于工作，去不了；以前我想看的书，因为忙于工作，没有太多时间看。正好你们不用我了，大量的时间都归我自己了！

世间人的愚蠢在于没有学习优秀的传统经典。《道德经》讲："凿户牖以为室，当其无，有室之用。故有之以为利，无之以为用。"如果房子不留窗户，还叫房子吗？无用的地方就是大用。

我们要找到生命的原点。心的原点就是无善无恶，你回到那个地方，该有多棒啊！上帝既然给你放假了，你就放下，沉下心来，好好地念经、打坐、修行。

听　众：很多人学佛，在生活中不能身心合一，反而会增加很多烦恼。我们应该怎么做，才能让自己的内心更平静，更慈悲，更仁爱？

雪　亭：通过你的声音和你问的问题，我就知道，你是新来的。凡是佛教的四众弟子都非常清楚，佛是清净，佛是自在，佛是光明，佛是觉悟，佛是良知良能。

虽然寺庙、佛像好像和我们的心没有交涉，但是我们的老祖宗一再告诉我们，佛在心中。当你的心里有仁爱之心，有慈悲之心，有清净之心的时候，佛每天都在抱着你睡觉，只是你自己不知道而已。

听　众：中美目前关于5G的争端，如果用仁爱、慈悲之心，应该怎样来处理呢？如果对他们忍让，我们的产业会受影响，我们的艰辛付出得不到应有的回报。请问，应该怎样看待这个问题？

雪　亭：这不但是现实问题，还是国际问题，因此我只有冒充一次新闻发言人。首先，你对大乘佛教误解了。大乘佛教讲的慈悲，是人心的、宇宙的、究竟的慈悲，不是对哪一个国家，对哪一个人的小恩小惠。我们读《华严经》《维摩诘经》，就会知道佛教的这个观点。

我在年轻的时候，也遇到过类似的困惑。比如说我要容忍，我要隐遁，我要谦让。后来发现我容忍，我谦让，我隐遁，不但没有得到社会的好评，而且而让自己退得无路可退了。就像王阳明被人家撺到龙场，他就在问自己："圣人落到我这个地步，该如何想？"

但是我很幸运。一次偶然的机会让我看到一本经，叫《阴符经》。《阴符经》是上古的文本，它虽然讲"天生天杀"，但不失慈悲和清净。这时候，我才回过神来，原来在某种条件下，你把某个人杀了，把某个人关到秦城监狱，也是慈悲。我终于从原来的困苦中把自己解放出来。我现在不但不怕烦恼，不怕困难，更不怕死。

你刚才无意当中说出了传统文化的短板。一个人学传统文化或者信仰一种宗教，如果不能够系统全面地了解它的知识架构，一味地讲忍让、隐遁，很可能会把这个人、这个民族的精神消解掉，让它变得软弱无力。值得庆幸的是，我们中国今天的大乘佛教，既讲菩萨的低眉垂目，也讲金刚怒目。

曾国藩在这方面做得非常好，胡林翼评价曾国藩"霹雳手段，菩萨心肠"。曾国藩为什么能够成功？面对晚清乱局，他没有躲到山里面，没有躲在庙里面，而是领兵去平定。曾国藩的成功学，就是菩萨道很好的实践。

历史上有很多人都打通了这个关节，我也是这样。如果现在有人整我，有人害我，我会偷着乐，因为你终于给我出了一道高考难题。一个一个的题目被我解答，一个一个的障碍被我克服掉，那我就成功了。佛学就是面对，而不是逃避。

我们有很多人学传统文化的时候，掉到泥坑里了。讲隐遁，把隐遁当成某种必须。其实，他只是学了一种技巧和方法，并没有学到大乘佛教的菩萨境界。

后 记

自 2014 年 9 月开始，我大多时间都驻守在长沙望城大汉金桥国际城项目工地，而这个工地位于洗心禅寺的正对面，也许是常相望带来的这份洗心缘，2016 年底，在经营压力最大的时候，我去洗心禅寺拜访了雪亭。他鼓励我胸怀远大，意志坚强，信心坚定，成就大事。就这样，开启了我与雪亭的深厚友谊。

雪亭是一个十分热爱生活的人；我们在一起，如同家里人一样。雪亭喜爱羽毛球，一帮羽友构成了他美好生活的一部分。他待人接物更是热情周到，我有几次带了新朋友去他那里求教，他总以书、以字、以画相赠，这使我很感动。当然，更使我感动的是围坐在茶桌边听他讲故事，讲科学，讲人生道理。人虽坐在寺院里，但学习到的都是人世间追求成功与幸福的大道理。

雪亭常受颜爱民教授邀请为国学班讲课，我也常被同时邀请，随他助讲。他的知识面极为丰富，佛学、儒学、道学、科学、哲学，他都精通，能够信手拈来，融汇贯通。我一边学习，一边讲些企业应用的实证案例。这种对讲课堂十分受欢迎，每每让听众欢喜满怀。

雪亭学问之高深，理论之精深，当然不是我能讲解到位的，但对他的敬仰却是由心而生的。

前几日听闻雪亭又要出书了——《阳明心学会讲》。我当然十分高兴，也写几点对雪亭先生的认知，作为这件事的一个记录。

雪亭希望我写点大汉集团在学习和应用国学方面的体会，认为对于读者阅读他的著作有些益处。在此，我谈三点体会：

一、如何认知世界

佛经中有这样一种格式：是什么，非什么，名什么。我是这样应用的：用"是什么"来解决我对事物昨天发生的现象的全面认知，用"非什么"来解决我对事物当下本体的认知，用"名什么"来解决事物未来的发展方向。这种从事物现象到本体到应用的跨越时空的"体、相、用"分析和预判模式，对于一个企业负责人是十分有用的。

我也常将禅学中的"五眼"认知法应用于企业管理之中：把"肉眼"定义为从自我需求出发产生的自我认知；把"天眼"定义为从顾客需求出发（包括社会）产生的对我的被需求的认知；把"慧眼"定义为企业数字化转型后应用大数据对自我、对企业全面的价值分析；把"法眼"定义为自我和企业在现实世界中求解的方便法门，不管我们如何智慧，企业的使命是要让组织中的每个成员都得到成长，是要为顾客创造价值，方便法门是从理论回到实践的有效途径；把"佛眼"定义为企业组织整体追寻的共同目标，人们在世间共同修炼的那盏永不熄灭的心灯，这盏亘古不变的良知心灯帮我们驱散心中的恐惧，解除生活的纠结，实现美好的生活。

二、如何认知自我

我非常认同儒、释、道共同追寻的光明之心。我心即理，我心即道，我心即佛。我绝非肉体之我，我是由我的需求即"小我"和我的被需求即"大我"组成的，马克思也认为人是社会关系的总和。我喜欢把"我"定义为一个圆圈，圈内是"小我"，圈外是"大我"，当需求我的人越多，我的边界就越大，我的人生也就越有价值，越精彩。当边界无限扩大，从"大我"走向了"无我"，就实现了我心即佛的境界。

每个人一辈子都在修炼，把我字头上那一撇去掉，"我"就变成了"找"。找吃、找穿、找住、找车、找工作、找医生、找学校，从无数的自我需求出发寻找属于自己的那份价值，当这种修行得到了国学的指引，把自我的需求融入到社会整体价值中去，通过小的自我价值的投入，获得大的社会价值的成果，从而持续地获得人生的高度自信，持续地获得奋斗精神，从而实现完美人生。

佛学中提出"我相、人相、众生相、寿者相",我理解为要善于从自我认知、他人对"我"的认知、大众对"我"的认知、时间对"我"的认知,这四个维度来修炼自己。

三、如何坚守正道

"为工作而挣钱"是大汉集团初创期的核心价值观。我15岁上大学。上大学,跳出农门,成为国家干部,是我们这一代人最幸运的事,也主导我们的价值观。因此,92年下海时,我把为自己、为亲人、为朋友打造一个工作平台当成我自己的使命,"为工作而挣钱"就成了我心中坚守的正道。

但当财富积累到千万级时,团队的思想在环境的影响下发生了变化,懈怠和享受正在侵蚀团队。为此,我果断地在98年为大汉集团立下了"贪、赌、嫖"三条高压线,谁碰谁下岗,并投资千万为娄底政府修路,及时调整企业的核心价值观为:"资本 = 责任,业绩 = 财富",主动把企业资本对接社会责任,以此牵引全体员工的大我之心,由此打造了推动湖南城镇化建设的大汉模式。大家都说:大汉坚守县域开发20年,做了政府想做的事情,走的是人间正道。

2017年,我在北京雁栖湖四千企业家大会上做了题为《工匠精神，可学而至》的演讲，打动了与会企业家的心；也让我立下了"让农民工的儿子不再成为农民工，而要成为现代工匠"的大愿。2018 年，我把"工匠精神　创造美好生活"确定为大汉集团 3.0 版的核心价值观。2020 年，我办起了让农民工子女和贫困家庭子女成才就业的大汉技工学校，"考不起，读不起，大汉来帮你"的宏亮声音随着万名公益大使的脚步，走村串户，连续两年动员了 7000 多名成绩差、信心差、条件差的孩子来长沙读书。我想，这是大汉走的时代正道。

在佛学中有布施、持戒、忍辱、精进、禅定、般若"六度"，我认为这一思想能帮助我们走正道。大汉人用"看得见、敢于抓、抓得住"，来提升管理者的境界，扩大管理者的胸怀，增强管理者的勇气，创造管理者的价值，坚守管理者的正道。

修身、齐家、治国、平天下，就是人生正道；人生最出彩的是精神的专一，意志力的坚定。我在优秀传统文化里萃取了人生的精华，花甲之年，依然精神饱满，法喜充满，以求功德圆满。

傅胜龙于 2021 年 7 月 29 日

图书在版编目（CIP）数据

阳明心学会讲 / 雪亭 , 悟启编著 . —北京：北京
联合出版公司，2022.8
ISBN 978-7-5596-6291-0

Ⅰ . ①阳… Ⅱ . ①雪… ②悟… Ⅲ . ①王守仁（
1472-1528）—心学—研究 Ⅳ . ① B248.25

中国版本图书馆 CIP 数据核字（2022）第 110150 号

阳明心学会讲

编 著 者：雪 亭 悟 启
题 　 签：雪 亭
出 品 人：赵红仕
责任编辑：张永奇
特约编辑：吴士新
封面设计：悉 　 闻
出版发行：北京联合出版有限责任公司
　　　　　北京联合天畅文化传播有限公司
社 　 址：北京市西城区德外大街 83 号楼 9 层
邮 　 编：100088
电 　 话：（010）64243832
印 　 刷：河北京平诚乾印刷有限公司
开 　 本：880mm×1230mm　1/32
字 　 数：156 千字
印 　 张：8
版 　 次：2022 年 8 月第 1 版
印 　 次：2022 年 8 月第 1 次印刷
ISBN 978-7-5596-6291-0
定 　 价：68.00 元

文献分社出品